BELARUS FREE THEATRE:
NEW PLAYS FROM CENTRAL EUROPE

T0321551

BELARUS FREE THEATRE:
NEW PLAYS FROM
CENTRAL EUROPE

The VII International Contest of Contemporary Drama

OBERON BOOKS
LONDON

WWW.OBERONBOOKS.COM

First published in 2014 by Oberon Books Ltd
521 Caledonian Road, London N7 9RH
Tel: +44 (0) 20 7607 3637 / Fax: +44 (0) 20 7607 3629
e-mail: info@oberonbooks.com
www.oberonbooks.com

A catalogue record for this book is available from the British
Library.

PB ISBN: 978-1-78319-125-3
E ISBN: 978-1-78319-624-1

Visit www.oberonbooks.com to read more about all our books
and to buy them. You will also find features, author interviews and
news of any author events, and you can sign up for e-newsletters
so that you're always first to hear about our new releases.

Contents

THE WINNING PLAYWRIGHTS

Marina Krapivina – Full-Length Play

Maxim Dos`ko – Experimental Writing for Theatre/ Short Play

Oleg Mikhailov – Adaptation of a Classic Text

Oleg Kanin – Tom Stoppard Award for Best Debut

Nomination «Full-Length Play»

In the nomination full-length plays of traditional structure of up to 50 pages were submitted.

Nomination «Experimental Writing for Theatre/ Short Play»

Accepted one-act plays, of up to 20 pages, or texts of any structures and forms which, by the author's opinion, can be staged as theatre productions.

Nomination «Adaptation of a Classic Text»

In this category plays are presented that are based on the classic work, or inspired by story, characters, quotes from famous plays or literary works.

Tom Stoppard Prize «Best Debut»

Awarded to an first-time author, whose work has been the most striking contribution to the competition.

Номинация «Пьеса»
В данную номинацию представлены полноформатные пьесы традиционной структуры, величиной до 50 страниц.

Номинация «Пьеса малого формата и экспериментальный текст для театра»
Принимаются одноактные пьесы, величиной до 20 страниц, либо тексты любой структуры и формы, которые, по предположению автора, могут быть воплощены в виде театральных постановок.

Номинация «Интерпретация классического произведения»
В данной номинации представлены пьесы, созданные на основе классического произведения, либо вдохновленные сюжетом, персонажами, цитатами известных пьес или литературных произведений.

Приз Тома Стоппарда «Яркий дебют»
Награждается автор-дебютант, чье произведение оказалось наиболее ярким среди пьес-участниц конкурса.

I Международный конкурс современной драматургии «Свободный театр» стартовал 30 марта 2005 года в Минске. Это было первое мероприятие, проводимое только родившимся Белорусским Свободным театром.

В тот период один за другим в стране стали появляться драматурги, громко заявившие о себе. Это вдохновило Свободный театр на проведение конкурса, который ворвался на постсоветское театральное пространство, с первого года войдя в тройку крупнейших драматургических конкурсов Восточной Европы – в нем приняло участие более 200 пьес из 12 стран мира. Обладателями Гран-при Конкурса стали драматурги, сегодня прочно прописавшиеся среди лидеров в своих странах: белорус Павел Пряжко, россияне Вячеслав Дурненков и Виктор Калитвянский, украинец Владимир Самойленко, латыш Алексей Щербак, казах Олжас Жанайдаров...

Разработав уникальную интернет-модель проведения Конкурса, организаторам удалось избежать прямого прессинга диктатуры, которому Свободный театр подвергается долгие 9 лет существования. Эта модель стала примером для многих литературных конкурсов на постсоветском пространстве.

Нынешний 7-й конкурс собрал 523 пьесы, теперь уже разделив восточно-европейское первенство с российским драматургическим конкурсом «Евразия». 2014 год является поворотным для конкурса: его штаб-квартира впервые за всю историю находится в свободной стране, в театре Young Vic, который как никакой другой подходит для этого своим вольнолюбимым духом и жесткими принципами, а церемония награждения пройдет одновременно в трех столицах: Лондоне, Минске и Москве.

Издание, которое вы держите в руках, волею судьбы стало знаком нынешнего сложного времени, проживаемого тремя восточно-европейскими странами, борющимися с авторитаризмом: Беларусью, Украиной и Россией. Именно представители этих трех стран разделили между собой главные призы VII Конкурса, словно воспользовавшиеся примером выдающегося политика и драматурга Вацлава Гавела, который, вместе с Томом Стоппардом взяли этот конкурс под свой патронаж в 2005 году.

В 70-е годы голоса запрещенных драматургов Чехословакии, Польши, Советского Союза можно было услышать в Лондоне, придя в театр, и посмотрев спектакли по их пьесам. Сегодня многие авторы постсоветского пространства не имеют возможности быть услышанными у себя дома, и на выручку к ним снова приходит Великобритания, совершив еще один виток историческиой спирали.

The International Contest of Contemporary Drama was launched on March 30, 2005 in Minsk. It was the first event held by the recently formed Belarus Free Theatre.

At that time, one after the other, playwrights began to appear in the country, speaking out about themselves. This inspired Belarus Free Theatre to host the contest, which burst onto the post-Soviet theatrical scene. In its first year it became the third largest drama contest in Eastern Europe – with more than 200 playwrights from 12 countries participating in it. Winners of the Grand Prix of the contest became professional playwrights, now firmly positioned as leading writers in their respective countries: Pavel Pryazhko (Belarus), Viacheslav Durnenkov and Victor Kalitvyansky (Russia), Vladimir Samojlenko (Ukraine), Alexei Shcherbak, Kazakh Olzhas Zhanaydarov (Latvia)…

By developing a unique online model the contest organizers managed to avoid direct pressure from the dictatorship which Belarus Free Theatre has experienced for the nine long years of its existence. This model became an example for many literary competitions in the Post-Soviet territory.

The current VII Contest has received 523 plays, and now shares the East European premier position with the Russian Dramaturgical Contest. 2014 is a turning point for the contest: for the first time its headquarters are in a free country, at the Young Vic Theatre in London, which suits its freedom-loving spirit and rigid principles perfectly. This year the award ceremony will be held simultaneously in London, Minsk and Moscow.

This edition, which you're holding in your hands, has by fate become a sign of the current challenging times happening in three Eastern European countries struggling with authoritarianism: Belarus, Ukraine and Russia. Representatives of these three countries share the top prizes of the VII Contest, in the spirit of the outstanding politician and playwright Vaclav Havel, who, together with Tom Stoppard, took this contest under his patronage in 2005.

In the 1970s voices of banned playwrights from Czechoslovakia, Poland, and the Soviet Union could be heard in London, by people coming to the theatre and seeing productions of their plays. Today many authors of the former Soviet Union territory have no opportunity to be heard at home, and once again Britain comes to rescue them, once again contributing to changing the course of history.

Copies of this volume will be distributed free of charge within Belarus.

Very special thanks to Andrew Walby, George Spender and the Oberon Books Team; David Lan and the Young Vic team; and Yuri Kaliada.

MEMBERS OF THE JURY

Co-chairman of the jury (nomination, "best debut");

Pavel Rudnev – Assistant Artistic Director
of the Moscow Art Theatre (Russia)

Co-chairman of the jury (nomination, "best short, experimental
text"); Vladimir Shcherban – director of the Belarus Free Theatre
(Belarus/UK)

Co-chairman of the jury/Art Director of the Contest (nomination,
"best interpretation of a classic work");

Nicolai Khalezin – artistic director of the Belarus Free Theatre
(Belarus/UK)

Rodion Beletsky – deputy chief editor of *Modern Drama*
(Russia)

Noah Birksted Bryn – artistic director of London's Sputnik,
director (UK)

Andrei Volchanskiy – chief editor of *Modern Drama* (Russia)

Vyacheslav Durnenkov – playwright (Russia)

Natalia Kaliada – Belarus Free Theatre/Director of the Contest
(Belarus/UK)

Rory Mularki – playwright/translator Royal Court Theatre in
London (UK)

Maria Nasardinova – theatre critic (Latvia)

Alisa Nikolskaya – theatre critic (Russia)

Boris Pavlovich – director (Russia)

Agnieszka Lubomira Piotrowska – translator, theatre manager
(Poland)

Irina Khalip – journalist, correspondent of *Novaya Gazeta*
(Belarus)

Contest Coordinator: Viktoria Biran

Pavel Rudnev, Co-Chairman of the ICCD Jury:

'A huge problem in Russia, Belarus and Ukraine today is a trend to self-closure, to tightness, to artificial isolation. One of the major themes of the new post-Soviet drama is the catastrophic destruction of communication between people, generations, genders and countries. I mention this because the mission and meaning of the ICCD Contest is to, not only encourage and discover Russian-language drama, but also to export this product to other countries. None of the state institutions of these countries are concerned about a similar mission today. This contest gives scope for individuals to take action and to increase the initiative of the individuals. And, honestly, it's better for individuals to be engaged in this contest instead of ministerial employees.'

Alexei Shcherbak, Grand Prix winner of the 2008 ICCD contest:

'When I was asked to write about "Free Theatre", I thought, what exactly was that contest for me? What did it become for me? It seemed that everything was clear – it just happened as it was promised by the organizers. I received the Grand Prix – productions appeared and my plays were staged, it drew attention to my work, which began to be translated and staged in other languages. A dream come true! From a small house in Minsk, where I received a prize from Mark Ravenhill's hands, to London and New York! Via Riga, Moscow, Magnitogorsk, through other cities and towns. Through the following plays to future plays…'

СИГНАЛЫ ПРИМИРЕНИЯ

Марина Крапивина

Родилась в 1971 году в Москве, живет там же. Драматург, редактор. Закончила Московский государственный университет печати. Участник драматургических конкурсов и фестивалей. Пьеса М. Крапивиной «Ставангер» опубликована в журнале «Современная драматургия» и поставлена в Таллинне (реж. Ю. Муравицкий) и в Лиепае (реж. К. Богомолов). Есть поставленные документальные пьесы-вербатим: в Таллинне - «Русские, они такие…» (в соавторстве с А. Зензиновым и Л. Качмарик, реж. Ю. Ауг), в Москве – «Бросить легко» (реж. Р. Маликов).

ДЕЙСТВУЮЩИЕ ЛИЦА:

НИКОЛАЙ АНДРЕЕВИЧ, 56

АННА, ЕГО ДОЧЬ, 27

АЛЕКСЕЙ, муж АННЫ, 32

АЛЛА, ЖЕНА НИКОЛАЯ АНДРЕЕВИЧА, 63 ДОКТОР

МЕДСЕСТРА

«Отцы, не раздражайте детей ваших, дабы они не унывали» (Кол. 3: 21).

Сигналы примирения — язык телодвижений собаки, используемый ею для выражения состояния стресса, самоуспокоения и избегания социальных конфликтов (Тюрид Ругос. Диалог с собаками: сигналы примирения).

Первое действие
Сцена 1

По коридору больницы везут больного, он очень возбужден и не понимает, что с ним случился инсульт. В состоянии аффекта он дергается, машет руками, ногами, пытается вскочить, его придерживает Сестра. Анна идет рядом.

Николай Андреевич. Куда?! Что? Куда вы меня везете? Где я?

Сестра. Будешь буянить — привяжем!

Николай Андреевич. Какой счет ЦСКА - Рубин? Лупанул по своим воротам, с разворотом! Дайте мне забрать вещь, которую я купил. Вы чё? Дебилы, что ли? Где, блядь, ваш этот долбанный Собянин? Где они? 7 тыщ рублей! Как мне теперь взять ее? Аня, Аня! *(делает отчаянные попытки привстать, рука сестры мягко, но жестко не дает ему привстать).*

Сестра. Вот разбушевался-то! Щас укольчик аминазином сделаем, успокоится. У него диабета нет?

Анна. Нет.

Николай Андреевич. Стеклоткань там, под нижней полкой спрятана, поезд из Чебоксар, 10-й вагон, 5-е купе, место 23. Анечка, ты моя любимица, Анечка, ты здесь?

Анна. Здесь, здесь, не волнуйся (*наклоняется*). Что, пап?

Николай Андреевич (*лихорадочно, шепотом*). Ты это, там, у меня, в серванте, внизу открой — там книжки, поняла? Там, вдруг мало ли как все кончится... на похороны, там возьми. Ох, ну ё-моё, как же это получилось-то, а?

Анна. Пап, успокойся, ну какие похороны, ты еще всех нас переживешь, полежишь тут, полечишься и домой вернешься.

Каталка въезжает в палату. Больного перекладывают с каталки на кровать, с трудом, больной сопротивляется.

Сестра. Да что ж ты такой упрямый-то, а ну давай перекатывайся, вооот (*поощрительно, когда он поддается*), молодец.

Николай Андреевич. А где я, что я тут делаю? (*бредит*) Не надо меня в больницу, отвезите меня домой, я лучше сдохну, чем в больницу поеду.

Подходит Доктор.

Доктор. А где ты, по-твоему? Давай тебя посмотрим, футболист. Подними правую ногу, так, теперь левую (*больной послушно выполняет приказания, но все движения у него разбалансированы, как у сломанного, разладившегося робота*).

Анна. Доктор, это инсульт, да? Это необратимо?

Доктор. Пока сложно сказать. Нужно его обследовать. Первичный осмотр показывает все признаки инсульта второй степени. (*пауза*) Да, полис постарайтесь завтра привезти, а то нам его оформлять надо. И паспорт. Во вторник приходите. А пока его вещи все заберите, в палате нельзя держать (*Сестре*) Капельницу сюда. (*Сестра на секунду исчезает за дверью*).

Врач уходит. Сестра входит с капельницей.

Аня (*Сестре*). А что ему понадобится, на первое время?

Сестра (*готовя капельницу*). Памперсы. У нас закончились. Тут аптека напротив есть.

Николай Андреевич (*прислушиваясь*). Что? Какие памперсы? Да вы что! Я сам буду ходить (*пытается приподняться, Сестра мягко, но решительно укладывает его*).

Сестра (*начиная делать капельницу*). Тихо, тихо, тихо. Куда собрался-то? Для тебя, золотой мой. Руку-то расслабь. Да расслабь ты руку-то.

(*завязывая жгут на предплечье*) Воот. А теперь кулачком работай, работай. (*втыкает шприц*)

Николай Андреевич. Ой, больно.

Сестра. Все вы, мужики, боли боитесь. Ну вот и все (*вынимает иглу*). (*к Ане*) Воды еще купите. Кружку, ложку.

Аня. А лекарств никаких не надо?

Сестра. Это с доктором. Вы его подержите, а то он капельницу сорвет. Видите, какой беспокойный. (*Николаю Андреевичу*) Ничего не жжет, что чувствуешь?

Аня (*достает купюру 100 рублей, протягивает*). Я вас очень прошу, присмотрите за ним, вдруг ему в туалет надо.

Сестра. Да не надо, ну что вы (*берет купюру*). Да все будет нормально. Загляну. Я обхожу их. Видите, он даже притих уже.

Аня. Ну, я тогда за памперсами сбегаю.

Сестра. Да, утку ему щас не поставишь.

Николай Андреевич. Утку мне поставь.

Сестра. Ты выльешь ее, сокол ты мой. (*Ане*) Вишь, как его выгибает в дугу. Иди, иди, я пока подержу (*Сестра садится рядом, держит больного за руку*). Лежи тихо.

Аня. Ну, пошла я. (*отцу*) Пап, ты тут полежи пока, я скоро, я в аптеку.

Николай Андреевич Ань, Ань, «Советский

спорт» принеси.

Аня уходит.

Николай Андреевич. Я это, в туалет хочу.
Сестра. Не врешь?
Николай Андреевич. Нееее.
Сестра. Тогда за уткой схожу.

Сестра встает, собирается выйти.

Николай Андреевич. Утку?! Какую утку? Не
буду я в утку. Да я щас встану и пойду сам.
*(пытается встать, дергает рукой с иглой, игла
вылетает из вены, начинает хлестать кровь).*

*Сестра бросается к больному, откуда-то из
кармана достает бинт, вату, накладывает
жгут.*

Сестра. Что ж ты творишь, зараза такая
*(бьет его по плечу, по голове ладонью, он
съеживается.)* Я тут не буду, блядь, с тобой
с одним нянчится *(опять ударяет, он весь
сжимается)* Давай теперь правую, ну, быстро.
Руку давай *(он протягивает руку).*

Она протирает спиртом, делает жгут,
втыкает иглу капельницы теперь в другую руку.

Сестра. Все. Смотри у меня. Чтоб лежал как суслик. *(смотрит на уровень жидкости)* Через полчаса приду, проверю. Не жжет?

Уходит.

Затемнение.

Сцена 2.

Неделю спустя. Больница. Николай Андреевич лежит в палате с тремя больными. Один совсем плохой, другой вышел покурить. Рядом с койкой отца сидит Анна, Сестра стоит рядом.

Николай Андреевич. Один совсем плохой. А моложе меня на 7 лет. Такой молодой — и так трахнуло. А этот, что курить пошел, так на этого артиста похож, помнишь, сериал был, там этот, Хлебнасущенский был такой.

Анна. Петербургские тайны.

Николай Андреевич. Во-во! *(пауза)* Я сегодня ночью вставал, сам дошел до туалета и все сделал сам, а обратно мне помог какой-то мужчина, он довел меня, уложил и укрыл одеялом.

Анна. Медбрат?

Сестра. Нет у нас никаких медбратьев. Сочиняет. Какой там вставал.

Николай Андреевич пытается дотянуться до кружки с водой, промахивается, кружка падает, вода проливается.

Сестра. Ну вот, видите. Встает он.

Николай Андреевич. У него был белый халат, белый-белый.

Анна. А почему у него такие синяки на руках?

Сестра. От капельницы.

Анна. А на запястьях откуда? Господи! Пап, откуда синяки такие?

Сестра. Каждую ночь пытается вставать, вы не давайте ему спать днем, а то они отсыпаются, а ночью буянят.

Анна. Так он вставал?

Сестра. Нет, конечно, посмотрите на него, он даже самостоятельно утку не может поставить. Но он очень беспокойный, рвется встать, падает, утку вот разлил, ходячий сосед позвал сестер, еле справились, пришлось привязать.

Николай Андреевич (*жалобно*). Они меня

привязали, как в Гестапо, но я должен встать.

Сестра. Ему нельзя вставать, а то вторично трахнет. (*ставит капельницу*) Следите, чтобы он не дергал рукой, а то капельницу сорвет.

Уходит.

Николай Андреевич (*шепотом*). Я сегодня вставал, и мужчина мне помог, весь в белом. Володя его зовут.

Анна (*держит его руку с иглой*). Хорошо, хорошо, но тебе нельзя. Ты ведь хочешь выйти отсюда? Ты хочешь стать прежним?

Молчание.

Николай Андреевич. Дай мне телефон. (*она дает ему сотовый*). Набери Аллу. Там найди, мне Ромка записал. Телефонная книга. (*Анна ищет в телефонной книге телефона нужное имя, протягивает телефон, он берет здоровой рукой*). Алла, алё, Алла, ты сегодня придешь? (*пауза*) Температура? 37 и 2? А завтра придешь? (*пауза*) Понял, понял, да, прости, да (*выключает телефон, обращается к дочери*) Вот ведь не повезло бабе. Плохо себя чувствует. Да, а тут я еще.

Анна. Да уж. (*пауза*) Папуль, помнишь, ты два дня назад спрашивал про нотариуса, про книжки мне говорил.

Николай Андреевич. Ну.

Аня. Вызвать его?

Николай Андреевич. А сколько это стоит?

Анна. Это неважно, я это на себя возьму. Просто ты должен это сделать в трезвом уме и твердой памяти.

Николай Андреевич. Я сам пойду.

Анна. Ты пойдешь! Ты уже пошел. Зачем ты врал, что написал завещание?

Николай Андреевич. А ты уже хоронишь меня?

Пауза.

Анна. Пап, а зачем ты вообще женился в таком возрасте? (*Н.А. молчит*) Ты ведь мне обещал, что в гражданском будете. (*Н.А. молчит*) Она же к тебе даже не ходит сюда. И домой к тебе только в гости ездит. Это знаешь, как называется? Гостевой брак.

Николай Андреевич. Она болеет. Что ты такая злая. Алка хорошая.

Анна. Но жениться-то зачем в 55 лет?

Николай Андреевич молчит.

Входит молодой человек с пакетом.

Николай Андреевич (*радостно*). О, Ромка, сын!

Роман. Николай Андреич, как ты? Тут мама вот передала тебе, морс наделала, вот тут бутерброды, яблоки, апельсины.

Анна. Его тут нормально кормят. Он это-то не доедает.

Роман. Привет, Ань. Ну вдруг захочется чего-то домашнего.

Анна (*рассматривает содержимое пакета*) Ну, да. Колбасы, например, докторской (*принюхивается*) Да еще не первой свежести.

Роман (*Анне*). Ну зачем ты. Только из магазина. (*Николаю Андреевичу*). Светка приветы передает. Как ты?

Николай Андреевич. Да ничего, ничего. Только вставать не разрешают. Привязывают.

Роман. Привязывают? Безобразие! А врач на месте.

Анна. Ты с врачом хочешь поговорить?

Роман. Да. Надо пожаловаться.

Анна. Сейчас (*смотрит на часы*) уже 7 часов, врач бывает здесь по вторникам и четвергам с 9 до часу.

Роман. Понятно. (*встает*) Да, трудно,

Андреич, ну ничего, мы бросаем все силы. Ты поправишься. Все будет хорошо.

Радостный Николай Андреевич кивает, у него на глазах — слезы умиления.

Роман. Ну, я пошел. Поправляйся.

Николай Андреевич. А Алка, мама, придет?

Рома. Придет. Конечно, придет. Просто она тоже ведь понервничала так. Ты же взял и рухнул прям у газели. Хорошо я удержал тогда полку, а то бы… Да, мама сразу скорую вызвала. В таких делах надо сразу реагировать.

Николай Андреевич. Как там, переехали?

Роман. Да, дядь Коль, нормально все, не волнуйся. Живем пока без холодильника. Ты ж его грохнул.

Николай Андреевич. Ё-моё! Вот я мудак. Я отдам. Да, да. Алка мне жизнь спасла. Она молодец. Пусть она отдыхает. Если тяжело, если болеет. Передай, что кормят хорошо, все есть. Все в порядке.

Анна (*раздраженно*). Передай еще, что памперсы регулярно меняет дочь, что стоят они упаковка 450 рублей, что дочь дежурит ежедневно с 9 до 9. Что в день ставят 4 капельницы, которые надо сидеть и держать. А вообще-то все хорошо.

Роман. А что, какие-то проблемы? Подожди, Ань, ну чего ты сразу кипятишься-то. Скажи, мы подумаем.

Анна. Вы же, блядь, все силы бросаете.

Роман. Стоп, стоп. Тебе трудно? Ну, давай тогда сиделку наймем.

Николай Андреевич. Ребят, не ссорьтесь, ребят. Ох, ё-моё. Как я, эх.

Анна. Сиделку? У тебя есть деньги?

Роман. Ну, найдем деньги.

Анна. Он здесь пока только неделю. Неделю можно и своими силами.

Роман. Но ты же жалуешься. Я поэтому и предлагаю. Сам я работаю.

Анна. А ты здесь ни при чем. Где твоя мать, жена его? Она ведь жена.

Роман. Я же сказал, мама плохо себя чувствует.

Анна. Ага. Какое совпадение. А я себя прекрасно чувствую. У меня тоже температура 37 и 5.

Роман. И напрасно. Нельзя на ногах переносить.

Анна. Спасибо.

Роман. Ну, подожди, подожди. А ты узнавала, сколько это стоит.

Анна. Узнавала. Это дорого.

Роман. Ну мы что-нибудь придумаем. Можно же, наверное, здесь кого-то попросить.

Анна. Попроси! Попроси, попроси. Иди вон попроси. Займись этим. Ты же все силы прикладываешь.

Роман. Ну, Ань, ну не надо так. Это твой отец все-таки. И при нем прям такие разговоры, его нельзя расстраивать. И ты могла бы позвонить, рассказать, я бы напрягся. (*звонит его сотовый*) Да, да, в больнице. Да, ничего (*смотрит на Н.А., улыбается*) Мама привет передает. Да все в порядке.

Николай Андреевич. Это Алка? Привет ей передай.

Роман. Мам, там это, Светка не пришла еще? (*пауза*) Я понимаю, да, ты их спать уложи. Ну тупо уложи спать, я щас буду. Через полчаса. Все пока.

Анна. Понятно, с детьми она сидеть может.

Николай Андреевич (*с умилением*). Как там Юрка-то?

Роман. Зубки на той неделе резались. А Людочка молодец, 6 лет, а помогает. (*помолчав*) Ну, Андреич, давай выздоравливай, мы тебя все ждем. Я буду заходить. У тебя есть мой телефон? Звони, если какие проблемы.

Николай Андреевич. Давай, давай! Покедова. (*Роман уходит.*) Ромка, сын.

Анна. Сын? Ромка тебе сын?

Николай Андреевич. Ну ладно, не ревнуй. Я вас всех люблю, они к тебе тоже хорошо относятся, только хорошее про тебя говорят, что, мол, молодец девка, и работает, и учится.

Анна. Я сейчас отпуск взяла за свой счет. Хотя у нас это не принято. Но мне пошли навстречу.

Николай Андреевич. Ну, вот видишь. А Леха чего не заходит?

Анна. А кто к тебе заходил на той неделе, Пушкин? Он даже тебе памперсы менял. Ты забыл?

Николай Андреевич. Это был Леха разве? А памперсы? А я встаю сам, мне памперсы не нужны, нет. Ты мне лучше вот утку дай сейчас.

Анна (*смотрит на капельницу*). Щас, капать перестанет, я иглу уберу, меня Сестра научила.

Затемнение.

Сцена 3.

Больница. Анна сидит у постели спящего Николая Андреевича. Он просыпается.

Анна. Пап, ну-ка повернись на левой бочок, щас я тебе памперсы поменяю.

Николай Андреевич. Это ты, Ал?

Анна. Нет, это я, Аня.

Николай Андреевич. Ты мне «Советский спорт» принесла?

Анна. Принесла, принесла, щас прокапаем хлорид натрия — и я тебе почитаю.

Николай Андреевич. Ты мне скажи, кто там вчера выиграл-то, Зенит или Спартак? Там, на последней странице сводные таблицы посмотри. Дай мне очки.

Анна. Да не дергайся, иглу из вены рвешь, ну что ты в самом деле, уже замучил всех, месяц все тут представления устраиваешь, вон весь в синяках, вскакиваешь среди ночи, орешь на всю палату.

Николай Андреевич (*жалобно*). Они меня тут мучают, дочур (*плачет*). Забери меня домой, я хочу домой.

Анна. А я тебе дома тараканов потравила, приедешь в чистую квартирку.

Николай Андреевич. А сколько это стоит?

Анна. Не волнуйся, немного.

Николай Андреевич. Ты там в серванте деньги взяла?

Анна. Я свои заплатила, успокойся.

Николай Андреевич. Я хочу жить и хочу, чтоб вы все вокруг меня были: и Алла, и ты, Анюта, и твой даже этот Леха, и все-все, — я ведь все для вас, все для вас, все тебе достанется, ты понимаешь? И дача, и квартира.

Анна. Как же мне, пап, когда ты завещание не написал.

Николай Андреевич. Ну и что, ты ведь дочь моя, все тебе, так и так, я спрашивал, Алка мне сказала, что и так все тебе, что не нужно и завещание. А то налоги там большие, а ей ничего не нужно, она честная. А еще кто пишет, тот и умирает сразу, примета такая, а я не хочу, ты хочешь, конечно, а я не хочу, я пожить еще хочу, я ведь молодой еще, мне жить да жить…

Затемнение.

Сцена 4.

Больница. Прошла еще одна неделя.

Николай Андреевич. Вы меня обманываете, сами обещаете, а не приходите.

Анна. Это кто тебя обманывает? А? Кто обманывает, повтори!

Николай Андреевич. Ну, прости, Аллочка, то есть Анечка, она, она, сука эта обманывает. А Валя, Валечка (*обращается к сиделке*), Валя спасибо тебе.

Анна. Пап, это не Валя, это Рая. Сестра.

Николай Андреевич. Да, да, Рая, а Валя — это жена моя, первая жена, она (*начинает плакать*), я сейчас песню спою, я ей спел песню, после армии вернулся, там на гитаре научился играть, в Ростове, там на политзанятиях отрабатывал мексиканский бой, знаешь, что это такое? Я щас покажу (*пытается показать, у него не получается*). Рука не работает, сука. И она меня полюбила за эту песню (*начинает петь еле-еле ворочая языком*): «В прекрасном замке короля, / С его прекрасной королевой / Жил шут красивый, молодой, / Король любил его напевы...». У меня целая тетрадь таких песен была, напевает: «Пара гнедых, запряженных зарею...», «Будь проклята ты, Калыма, что названа чудной планетой...». А Валька стала убираться и выбросила тетрадь, я тогда ее чуть не убил, порядок, блядь, порядок этот гребаный, да... (*пауза*)

Анна. Да, ты маму гонял, я помню. Зато у Аллы по половице ходишь.

В этот момент в палату входит Алла — маленькая женщина, с ярко-рыжими крашеными стрептоцидом волосами, ярко-красной помадой, в бирюзовых сапогах.

Алла. Ой, Андреич, ты как? Оклемался? (*садится и нависает над ним, как будто хочет проглотить*), я тебе тут клюквы принесла... (*роется в сумке, достает пластиковую бутылку*).

Николай Андреевич. А, это ты, Валь, Ань, Ал... да, идем ко дну.

Алла. Да ты не ссы, Андреич. Мы все сделаем, мы все силы бросаем. (*в сторону обращаясь к Ане*) Ой, Аня, ой, что же делать, это так морально тяжело, так морально тяжело, конечно, ты меня клянешь, я знаю, но это так морально тяжело, может, сиделку наймем?

Николай Андреевич (*услышав слово «сиделка»*). Ой, зачем сиделку, не надо сиделку, вы лучше все ко мне приходите. Не бросайте меня.

Анна. Его скоро выпишут. Сиделку надо было месяц назад нанимать. (*склоняется над отцом*). Не волнуйся, пап, никаких сиделок, никто тебя не бросает. (*к Алле, тихо*) Иди от сюда, прошмандовка.

Алла (*начинает орать*). Андреич, она меня оскорбляет, Андреич. Я сама болею, у меня тромбофлебит. Я еле дошла, Андреич. Что ж она твою жену оскорбляет, Андреич.

Николай Андреевич. Не смей, не смей, она

жена моя! (*начинает дергаться*)

Входит сестра.

Сестра. Вы его щас до второго инсульта
доведете.

Анна (*Алле, тихо*). Хватит орать. Если морально
тяжело, разводись.

Алла. А это не тебе решать, не тебе (*улыбается*).
Андреич, ты ведь любишь меня, Николаич, тьфу,
Андреич. (*начинает притворно плакать*). Я с
тобой уже 15 лет, столько мы с тобой. Я с тобой
и на дачу, и зимой, и летом, а они не ездили, они
только за яблоками приезжали, а я всё, все там на
мне, дом строили, я держать помогала. Ты ведь
не помогала, вы не ездили.

Николай Андреевич. Да, Алка помогала, я
бы один не справился. С крыши чуть не упал с
лестницы, хорошо, она держала, а то бы всё!

Анна. Да вы что! Очумели оба! Может, нам надо
было всем на одной койке спать? И матери моей
с тобой вместе?

Алла. Она его бросила. Сама. А я и на сене
спала, и на полу. Ох, я столько туда вложила, это
уж практически моя дача, столько пота и крови
полито.

Анна. Блевотину ты свою вложила и говна.

Жрала там и срала.

Сестра. Прекратите. Посмотрите на него.

Николай Андреевич (*дергается, срывает капельницу*). Ты меня убить хочешь, ты мне не дочь, проклинаю, проклинаю тебя, уйди, уйди. Алла, Алла, не слушай ее, ты моя, девочка моя, Валя, Валя, Аня, Аня. Тьфу!

Сестра. В трех соснах запутался, лыжник. Дома разборки устраивайте. Мне идти надо в другую палату. (*Ане*) Скоро обед, вот эти таблетки до еды дашь. *(уходит)*

Алла. Вот до чего отца довела. Бредет, зайка мой.

Анна (*сквозь слезы*). Всё. Ты пришла. Отлично. Заступай. Вот тут под матрасом памперсы. Когда он посрет, не забудь поменять, а еще у него тут катетер, надо мочу в конце дня вылить. (*отцу, который отвернулся к стенке*) Вот, пришла твоя жена. Теперь она будет тебе жопу подтирать. А я пошла.

Алла. Да я на 15 минут только зашла! Ты что, ты что! Андреич, я же сама из поликлиники не вылезаю, у меня вены на ногах, этот, тромбофлебит. Вот ноги все опухли. А она молодая, дочь называется, и не стыдно. За отцом две недели поухаживать, за родным. Ты вот походи, походи, я свое отработала. (*Анна* *переодевается и уходит*) Ну и уходи! (*кричит в след, достает из сумки бутылку портвейна, делает глоток из горла*) Мы щас тут с тобой все сделаем, что нужно. А что нужно-то? А, Андреич? Это ж вот неблагодарная дочь, ты все для нее, дачи строишь, квартира на Таганке. Все ей, а она вот так, бросила все и пошла. И не позвонит ведь, да? (*пауза*) Андреич? А почему? (*делает еще глоток*) Потому что нужны мы детям до поры до времени, а потом ждут только чтоб сдохли. Вот так. Ты небось ей и завещание уже (*пауза*) Да? Андреич, написал? (*пауза*) Молчишь. Вот попомни мое слово, даже не подойдет, если написал. А Ромка машину хочет купить, ему двухсот рублей не хватает. Возил бы тебя на дачу, потом, когда выйдешь отсюда. Тебе ж будет сразу трудно. Он бы там помог тебе. А Светка бы там с ребятами. Дети же, им воздух нужен. А эти что, ни детей, ничего, только имущество твое стерегут.

Молчание.

Алла. Андреич, у тебя там как? Чего молчишь-то? А то я вообще не приду, если будешь дуться.
Николай Андреевич (*с трудом поворачивается*). Да я задремал чего-то. Дай

клюковки.

Алла (*протягивает пластиковую бутылку с морсом*). На, да держи, держи (*отпускает, бутылка падает из его рук*). Ну вот, разлил все на хуй, Андреич. Я не буду тут корячиться. Ладно, нянька уберет. Пойду я, Андреич, мне еще на эти, процедуры надо успеть к пяти. Давай, выздоравливай. Завтра Рому пришлю, если эта не придет, дочка так называемая твоя.

Николай Андреевич. Мне бы таблетки, до еды надо, дай, запить-то.

Алла. Ой, какие таблетки (*смотрит на блюдце горсть таблеток*). Да ты что, это столько они в тебя таблеток вбухивают. Андреич, да ты после них импотентом станешь, ты что. Это ж химия сплошная…

Николай Андреич. Я и правда, какой-то вялый от них становлюсь.

Алла. Конечно (*бросает таблетки на пол*). Нечего тут их всех слушать. Залечат. Вот капельница — это хорошо, сразу в кровь, это прочистка, а эту химию, ну ее к ебеням.

Сестра (*входит проверить капельницу*). А Аня где?

Алла. Вышла ваша Аня. Бросила отца вот.

Сестра. Вы хоть его тарелку помойте. (*Замечает разлитый морс на полу*) Господи, а это что такое?

Алла. Да вот стал тянуться, уронил. Я ему говорила, а он не слушает.

Сестра (*берет швабру*). Такой шебутной, с ним уже тут все измучились. (*замечает таблетки*) А таблетки-то зачем бросил, а? У нас тут что, фабрика, что ли? Ты что ж творишь-то?

Алла. Ну вы уж не кричите так на него, он же больной.

Сестра. А вы бы хоть проследили, за ним следить нужно.

Алла. Ой, доча, я сама больная (*показывает на свои бирюзовые сапоги*) Вон ноги-то распухли, еле дошла. А дома двое внуков, зять работает, у Юрки зубки режутся. А тут больница. Всё, приглядите, подохнуть не дадите, отвечаете.

Сестра. Ну вы даете, ваще.

Алла. Я, если нужно, главному вот вашему врачу пожалуюсь, что вы не ухаживаете за больными, это обязанность ваша. Вам за это деньги платят, обнаглели.

Сестра. Вы тут не орите. Поработала бы тут одна на четыре палаты.

Алла. А я, детка, свое отработала, я на пенсии. А ты молодая, насильно никто ж не загонял. Так что сама тарелку его помоешь. (*Николаю Андреичу*) Андреич, ну я пошла.

Сестра. А почему так вином пахнет

(*принюхивается*) Вы тут пьете, что ли?

Николай Андреевич. Нет, она не пьет.

Алла. Да у вас тут по коридорам такой кумар, хоть топор вешай, туалет нараспашку, окно открыто, все курят, больные прям на этих ходунках туда шастают. Еще спрашивает, главное, кто пьет. Сюда вот комиссию приглашу, они тут вам устроят.

Сестра (*вытирая пол, тихо*). Ладно, иди, иди отсюда, шалава.

Алла. Что? Что ты сказала? Андреич, она меня обозвала. Нет, ты слышал!

Николай Андреевич. Я, мне как-то нехорошо. Ал, а где Аня. Набери мне ее. Мне что-то нехорошо. Ты иди. Устал я, спать хочу.

Алла. Да не знаю, где тут у тебя в телефоне чего. (*смотрит в телефон*) Да он разрядился у тебя. Ладно, я ей из дома позвоню. (*подходит к постели, нависает над мужем*) Ну что, Андреич, давай, не хворай. Все будет хорошо. С Анькой я улажу, улажу. Свои люди. Я уж не обижаюсь на нее, я привыкла к обидам всем этим. Так живем, сухари жуем. Ты главное вылезай, вылезай. Ромка завтра придет. Все, чао.

Алла уходит, немного пошатываясь.

Николай Андреевич (*к Сестре*). Рая, Раечка, я прошу, набери мне Аньку.

Сестра (*недовольно*). Щас, за твоей женой уберу. (*тихо*) Лахудра.

Затемнение.

Второе действие
Сцена 5.

Дача Николая Андреевича. Представляет собой страшно запущенный участок. Разросшиеся больные яблони покрыты лишайниками, переплетаются ветвями, видно, что за ними никогда не ухаживали, не подрезали. Там, где когда-то были грядки, бурно растет крапива, лебеда, пижма, одуванчики, чертополох и другие не опознаваемые сорняки. Дом больше похож на сарай: деревянные подгнившие серые стены с облупленной краской, серый замшелый шифер на крыше. На крошечной терраске за столом сидит Николай Андреевич, Анна и Алексей. Мужчины пьют чай. Анна моет посуду в тазике.

Николай Андреевич. Надо бы дачу оформить по дачной амнистии. Вы с Лешкой не можете съездить в этот, сельсовет, в Егорьевск? Я с вами поеду.

Анна. Пап, ну куда ты такой поедешь. Мы только до электрички будем с тобой три часа идти. А такси гонять из Егорьевска полторы штуки сюда, полторы туда, а потом опять сюда.

Николай Андреевич. Не надо такси. Ромка приедет.

Анна. Ромка не приедет. Он сюда из своей Лобни не будет мотаться.

Николай Андреевич. Я ж ему денег на машину дал. Поедет, обещал. Он же привез нас с Алкой сюда.

Алексей. Николай Андреевич, председатель этим занимается, берет 17.

Николай Андреевич. Дорого.

Анна. Мы заплатим. Пап, вон Оксана Григорьевна оформила дачу на сына. А он даже не приезжает. Но она на сына своего оформила. Понимаешь? Через Александра Федоровича. Он все сделает, у него канал есть. Так проще.

Николай Андреевич. Дорого.

Анна. Тебе-то что. Мы с Лешей заплатим.

Николай Андреевич. Ну, не знаю. А то может, Ромку подождем. Он на день рожденья обещал приехать.

Анна. Пап, давай оформим через Федорыча, только… ты только пойми меня правильно, на меня оформим. И все.

Николай Андреевич молчит, насупившись.

Анна. Ну что? Ты не доверяешь мне? Ты будешь, пока жив, жить здесь со своей Аллой. Я вообще могу не приезжать.

Николай Андреевич. Надо половину тогда на Алку.

Анна. Почему на Алку-то? При чем тут Алка!

Николай Андреевич. Нехорошо. Она жена мне.

Анна. Ты с моей матерью 20 лет прожил и дачу эту строил при ней. И за субсидией моя мать с тобой ездила. А где эта, твоя жена?

Николай Андреевич. Она за земляникой пошла, полезная ягода. Мы с Алкой тут все строили. Она помогала. Она как боевая подруга. А мать твоя меня бросила одного.

Анна. Ты что, не помнишь, что мама в Рязань уехала за бабушкой ухаживать?

Николай Андреевич. У меня тоже мать болела.

Анна (*показывает на кусты*). А это что такое? Посмотри, посмотри туда, под смородиной? Кастрюля пустая стоит.

Алексей. Под крыжовником тоже баллон с водой, под вишней какие-то банки. Наверное, энергию космоса собирает.

Анна. Зачем она это делает? А?

Николай Андреевич. Не знаю. Ну убери ты эту кастрюлю. Чего ты пристала! Что ты все на Алку бочки катишь. Она хорошая баба, добрая.

Анна. А я злая?

Николай Андреевич. Ты все время только ругаешься, чего-то хочешь от меня. Завещание. Ждешь, небось, когда я подохну. Лекарствами пичкаешь. А у меня уже от них ноги ватные. Я уж и не мужик. А Алка травы знает, крапиву, березовый лист заваривает.

Анна. Тебе тромбовазимом надо кровь разжижать, а от крапивы кровь густеет. У тебя инсульт был, ты в курсе?

Николай Андреевич. Ну был, я уже сам хожу. Вчера до станции на велосипеде доехал, Алку встречал. Она боится от станции через лес ходить.

Анна. От станции боится, а часами землянику собирать в лесу не боится.

Николай Андреевич (*с умилением*). Она любит землянику. И я люблю. А когда она от станции шла еще в 90-е, ее какие-то алкаши напугали, чуть под поезд не столкнули.

Анна (*тихо*). Жаль. (*громко*) Она за собой даже тарелку не помоет, полотенца все черные, посмотри.

Николай Андреевич (*с раздражением*). Ну выстирай ты эти полотенца! У нее аллергия на химию.

Анна. У нее на работу аллергия!

Николай Андреевич. Это вредно для земли. Надо как в деревнях раньше, золой мыть, песком. Экология. А ты все нос воротишь. Вон даже Путин с Медведевым будут очищать землю от химии, по телевизору сказали, в Горьком этом, в Нижнем, то есть.

Анна (*с отвращением смотрит на тарелки, которые моет*). Жирное все. Как ни приеду, все перемывать приходится. Водопровода нет, у всех есть, мы только одни живем как бомжи.

Николай Андреевич. Я так всегда жил, не буду этим вашим гребаным фэйри природу отравлять. И лекарства пить не буду, лучше пятьдесят грамм, мне вот Леонид Петрович советует, у него тоже был инсульт, и он так вылечился. 50 грамм каждый день, так сосуды прочищаются. А ты из меня все инвалида хочешь сделать (*встает еле-еле, опираясь на палку*). Воот, смотри, щас я упражнение буду делать (*начинает дергать одной ногой, другой, подпрыгивать*). Я уже, видишь, крепче стал (*шатается, чуть не падает, Алексей подбегает, держит его*).

Затемнение.

Сцена 6.

Дача. Вечер. Николай Андреич неловко делает упражнения: топчется на узкой дорожке, поднимает какую-то тяжелую железяку, скорее всего, это старый домкрат. Анна с книгой сидит на той же терраске. Алексей сидит перед ноутбуком.

Анна. Тебе нельзя тяжести поднимать. У тебя грыжа!

Николай Андреевич. Я немножко… Мне надо ноги разрабатывать.

Алексей (*тихо*). Голову ему надо разрабатывать.

Входит Алла с корзинкой.

Николай Андреевич. О, наконец-то! Сколько можно шляться?

Алла. Ну чего ты, Андреич, чего? Я земляники принесла, травы насобирала, буду тебе отвары варить вместо этих таблеток.

Николай Андреевич. А вот Анька говорит, что тромбо… как его? Разжижает кровь, а крапива сгущает.

Алла. То-то у тебя уже мозги разжижились. Слушай больше всех. Химию глотай свою, мужиком хочешь опять стать?

Николай Андреевич молчит, начинает интенсивнее бежать на одном месте.

Алла. Молчишь. У тебя же уже вставать начал. Но ненадолго. Это все крапива, зверобой, подорожник. А будешь свои лекарства пить, будешь импотентом.

Николай Андреевич. Да что ты заладила: импотент, импотент. Я, смотри, сегодня вон домкрат поднимал в сарае, Анька ругается, говорит нельзя.

Алла. У тебя мускулы уже в этой больнице атрофировались, почему нельзя-то, занимайся, поднимай.

Входит Аня. Она несет чайник, чашки.

Алла (*сладким голосом*). Ой, Анечка приехала, вот молодец, только Ань, Ань, это какой чай-то, черный? Ему нельзя, ему зеленый можно. А лучше трав, давай я в отдельный чайник заварю. (*пауза*) Ты ж мне как дочка, я всегда мечтала о дочке, сын-то знаешь, отрезанный ломоть, у него жена теперь вместо меня, а дочка, она всегда поможет, я (*лезет целоваться*) тебя так люблю, дай я тебя поцелую (*целует Анну в щеку*).

Анна (*незаметно вытирает место от поцелуя, говорит сдержанно*). Фу, ты… пьяна. В общем, не надо, я… у меня была мать, и мне никаких мам новых не надо, ладно? Не надо вот этого.

Алла. Ну я же от чистого сердца, я… я тебя люблю как дочку, ты такая хорошая, такая красивая у меня…

Анна. Я в этом сильно сомневаюсь.

Алла. В чем?

Анна. В этой твоей любви. Давайте вот не будем об этом.

Алла. Ну не будем, не будем, я только хотела тебе сказать, ты только не обижайся уж на меня, я просто уж правду скажу, чтобы ничего между нами не было, я по-свойски, раз уж так, вот вы с Лешей уехали в прошлый раз, а бутылки оставили, оставили бутылки из-под пива, и из-под водки, а отец их отвозил на помойку.

Анна стоит как вкопанная, она не знает, что ей делать.

Анна. Да там мало бутылок, и потом, там были, которые отец и принес, он вечно ходит к нам выпивать, курить, рассказывать про дачу, футбол, работы все свои прошлые…

Алла. Курить? (*Николаю Андреевичу*) Ты что, с ума сошел, тебе нельзя курить.

Николай Андреевич. Да я даже не затягивался. Одну сигарету.

Алла. Одну сигарету. Это мне что же, уехать нельзя, уйти на два часа. Только бутылки за вами выноси. Вот Ромка, когда они приезжают, они вот все до капелюшечки увозят, весь мусор, ничего не остается, а вы всегда так, приехали, поднасрали — и уехали, разве это дело, нехорошо…

Анна молчит, потом резко встает и идет к отцу.

Анна. Так, пап, я не понимаю, что тут происходит.

Николай Андреевич. Ты о чем?

Анна. Эта твоя, мне делает замечания, она МНЕ делает ЗДЕСЬ замечания. Про бутылки! Сама не просыхает!

Николай Андреевич. Да ладно, ну чего ты, Алка к тебе хорошо относится. Придираешься опять.

Анна (*кричит*). Господи, папа! Я прошу тебя об одном, скажи ей, чтобы она мне замечания больше не делала, здесь, в моем доме, не делала мне замечаний, в доме, построенном на деньги моей матери, ты слышишь, запрети ей это делать, запрети! Она не имеет права их делать мне.

Николай Андреевич (*берет палку, пытается встать*). Как вы все мне надоели, постоянно какие-то недовольства, разборки.

Анна. Пап.

Николай Андреевич. Было с утра такое настроение, вот всегда так, надо испортить все настроение. Для кого я все это делаю. Зачем все время ссориться! (*повернувшись, уходя, ворчит*) На кой хуй все это нужно! Продам на хуй эту дачу, а деньги поделим.

Уходит.

Алла (*с ласковой улыбкой и злыми глазами*). Ой, Ань, ну зачем ты так? Я думала, мы по-свойски, по-женски поговорим, я тебе все рассказываю откровенно. Зачем же отца расстраивать, вовлекать в наши женские дела.

Анна. У нас с тобой дел никаких нет. Не было и не будет никогда. Я тебя насквозь вижу, ведьма.

Алла (*торжествующе*). А это не тебе решать. Я жена, понятно? И буду со своим мужем, я его не брошу. Хабалка!

Алексей. Шли бы вы... лесом (*закрывает ноутбук, встает, идет в дом на свою половину*).

Алла. Иди, иди, не споткнись смотри.

Алексей (*спотыкается*). Ведьма!

Анна (*поворачивается*). Я твою воду всю под кустами вылила. И буду выливать дальше. Кастрюли выбросила.

Затемнение.

Сцена 7.

Дача. День. Николай Андреевич чинит старый велосипед. Мимо с ведром идет Анна.

Анна. Что, доездился?

Николай Андреевич. Да вот, колесо спустило. А сейчас без камер выпускают. Вот, думаю, заклеить. Лешка-то сегодня приедет?

Анна. А что?

Николай Андреевич. Может, он Алку встретит?

Анна. Он сегодня не приедет.

Николай Андреевич. Мне не дойти.

Анна. Палку возьми.

Николай Андреевич. Что ты! с палкой! Я что, инвалид?

Анна. А кто ты?

Николай Андреевич. Мне врач Тамара Николавна посоветовала упражнения восстановительные…

Анна. Ты бы лучше водопровод починил.

Николай Андреевич. Так трубы сгнили все. Муфты просил купить. Вы не покупаете. Траву даже не покосишь.

Анна. Так газонокосилка сломалась.

Николай Андреевич. Все сломалось, ничего никому не надо.

Анна. Я просто не хочу вкалывать на чужих детей. Вот если бы ты завещание написал. А еще лучше…

Николай Андреевич. Опять завещание! Заладила. Слушай, вы ведь ездили в Егорьевск, в кадастровую?

Анна. Ну ездили.

Николай Андреевич. Так у тебя документы? А то Виктория Сергеевна, бухгалтер, тут спрашивала, для отчетности свидетельство нужно. Оно где?

Анна. Оно у меня. Дома.

Николай Андреевич. Так привези мне.

Анна. Я сама ей отнесу.

Николай Андреевич. Ты его мне отдай.

Анна. Зачем?

Николай Андреевич. Ну как зачем. Все

документы в одном месте должны лежать.

Анна. Лучше пусть оно у меня хранится. Так надежней.

Николай Андреевич. Да не собираюсь я продавать дачу!

Анна. Ну ты не собираешься. А кто-нибудь соберется.

Николай Андреевич. Опять двадцать пять. Может, тебе еще и свидетельство на квартиру мою отдать?

Анна. А вот это, кстати, было бы неплохо.

Николай Андреевич. Ну ты даешь, дочка. Права Алка.

Анна. Если Алле надо, пусть она сама поедет, посидит в очередях, побегает за справками. Я это делала для тебя (*разворачивается и уходит*).

Николай Андреевич (*бросает в сердцах велосипед*). Да идите вы все на хуй!

Затемнение.

Сцена 8.

Дача. Вечер того же дня. Сумерки. Николай Андреевич в старом двубортном засаленном пиджаке то выходит за калитку, смотрит на дорогу, то обратно заходит.

Потом идет в дом. Выходит с палкой. Анна
выглядывает из окна.

Анна. Далеко собрался?

Николай Андреевич. Да вот, что-то долго нет ее. Звонила, что села в поезд два часа назад.

Анна. Может, землянику собирает?

Николай Андреевич. Да какая земляника! Темень уже в лесу.

Анна. Да придет. Не волнуйся.

Николай Андреевич. Дочка, может, ты ее встретишь?

Анна. Ты извини, конечно, пап. Я тебе не жена, а все лишь дочь… Меня можно и в лес отправить ночью.

Николай Андреевич. Ладно, ладно… Ну прости (*топчется с палкой, потом бросает*). Нога эта чертова, как нарочно, разболелась.

Анна. Ты ее упражнениями своими доконал. Давай я тебе давление померю.

Николай Андреевич (*достает из кармана старого пиджака сотовый*). Да подожди ты. (*ковыляет на терраску, где горит свет, ищет номер, звонит, слушает долго*). Опять гудки. Ничего не понимаю. (*он опять спускается вниз, подходит к калитке*).

Анна. Может, она потеряла телефон, выпал где-нибудь? Или в электричке не слышит. У меня так бывает.

Николай Андреевич. Да она уже дойти должна.

Анна. Слушай, а может, она думает, что ты ее встретишь, и ждет тебя.

Николай Андреевич. Может, она вообще обратно поехала. Вышла, темно и обратно махнула. А? Помнишь, ты про Лешку своего рассказывала, как он приехал чего-то на дачу и уехал сразу, приревновал тебя к соседу.

Анна. Не помню. Пап, холодно уже, чего на улице топтаться. Зайди в дом. Я вижу, тебя трясет всего, надо давление померить.

Николай Андреевич (*ковыляет по ступенькам, заходит на терраску*). Эврика! Надо Ромке позвонить (*берет телефон, долго ищет подслеповатыми глазами*). Ань, найди мне его номер, я что-то не вижу.

Анна быстро находит, нажимает номер, отдает телефон. Она выходит в комнату и тут же входит на террасу с тонометром.

Николай Андреевич (*говорит громко, как с глухим*). Алё, Рома? Привет! Алка дома, не знаешь? (*пауза*) Я знаю, что ты в Лобне. Ну может, звонила, ты звонил? (*пауза*) Так нет, жду ее уже три часа. Не приехала, телефон гудит, а она не берет. (*пауза*) Я думал, у тебя. (*пауза*) А у каких подруг она может быть? Я не знаю ее подруг. (*пауза*) К сестре двоюродной? (*пауза*) А ты можешь позвонить ей? (*пауза*) Ну жду, жду. Давай. Всё. На связи. Пока.

Анна (*подходит к нему вплотную с тонометром*). Давай руку.

Затемнение.

Сцена 9.

Москва. Зима.
Николай Андреевич в ножном эспандере
ходит по квартире, сосредоточен на себе.
Анна сидит на диване, разбирает какие-то
бумаги, поглядывая на его упражнения. Алексей
собирает вещи Николая Андреевича в коробки.

Николай Андреевич. Смотри, как я уже разработал ноги.

Анна. Да, молодец.

Николай Андреевич. Ну, пойдем на кухню, отметим твои успехи.

Анна (*достает из сумки газетный сверток*). Вот, твои доллары. Здесь ровно три тысячи (*начинает пересчитывать*) Раз, два, три, четыре… А это твои документы на дачу и квартиру, как ты просил.

Николай Андреевич. Ну, потом.

Анна. Нет, давай с этим покончим. Три тысячи.

Николай Андреевич. А ведь было три сто?

Анна. Да, мне пришлось их потратить тебе же на лекарства, большие расходы были, ты забыл.

Николай Андреевич. А те 10 тысяч, моя пенсия? Ты же говорила, что хватит.

Анна. Непредвиденные расходы.

Николай Андреевич. Ну, ладно, ладно, я ничего. Всё и так тебе достанется.

Анна. Никто ничего не ждет. Господи!

Николай Андреевич. Мы с Алкой, то есть я… хотели еще с ней… (*он как бы цепенеет на секунду*) тут небольшой ремонт сделать и новый разделочный стол купить. А этот я на балкон хочу. У него только ящики прогнили, а столешница (*ударяет по столешнице*) еще 100 лет простоит. Я вот думаю, разобрать все это дело к приезду грузчиков, к 20-му числу.

Анна. Так давай я тебе помогу.

Николай Андреевич. Да потом, еще неделя. Давай лучше чаю попьем.

Алексей. Да тут дело на 5 минут. У вас здесь один хлам, выбросить бы все.

Николай Андреевич (*обиженно*). Вы уже тут навыбрасывали, все банки мои выбросили. Я в них компот закручивал.

Анна. Ты уже полгода эти банки забыть не можешь. От них только тараканы. ОЙ!!! (*вскрикивает*) Вот! (*убивает тапком таракана*)

Алексей. Да не ори ты! Напугала, дура.

Николай Андреевич. Тараканы — это полезно. Алка говорила, к деньгам...

Алексей. Вам надо сменить обстановку, Николай Андреевич.

Николай Андреевич. Скоро сменю. Не волнуйся.

Анна (*начинает разбирать ящики*). Вот смотри, как это делается. (*надевает резиновые перчатки, достает пакеты, объясняет — как глухому, громко, отчетливо*) Вот в эти пакеты я буду складывать содержимое ящиков (*складывает*).

Отец тупо и безразлично смотрит на ее действия, ему все равно.

Николай Андреевич. Подожди, это шурупы. Я думал, вы их выбросили. Они мне нужны. Я их обыскался.

Анна. А эти бутылки пластиковые зачем тут хранить, может, выбросить?

Николай Андреевич. Не, они нужны, я в них водку для дачи переливаю. Они легкие.

Анна. А эти, стеклянные? Нужны?

Николай Андреевич (*думает*). Ну, а эти, нет, наверное. Выбрасывай.

Анна. Ну вот и все. Теперь (*выдвигает сломанные ящики*) это на выброс. А бандуру эту мы с Лешей придем потом, вынесем.

Николай Андреевич. Спасибо. Как ты это быстро сделала. Молодец. А я резинщик, я бы неделю возился.

Анна (*снимает перчатки, моет руки, с потолка на нее падает таракан, она визжит*) Фу, фу! (*отмахивается*) Гадость! Вызови второй раз этого мужика из фирмы, Чехова.

Николай Андреевич. Кого?

Анна. Ну дезинсектора. У тебя гарантия ведь.

Николай Андреевич. Да это не помогает, только деньги берут.

Анна. Просто у тебя очень квартира заражена. Почему у тебя опять все тарелки жирные? Я ж тебе «Фэйри» купила. Все вон сальное (*брезгливо*).

Николай Андреевич. Это вредно для кожи рук.

Анна. Для чьих рук! Повторяешь, как попугай, глупости (*смотрит на часы*)

Николай Андреевич. Опять ты на Алку, что она

тебе сделала!

Анна. Алки нет, папа. Мне пора.

Николай Андреевич. А мы еще чай не пили.

Анна. Нам некогда.

Николай Андреевич. Подожди, я тебе сейчас с собой конфеток вкусных дам (*идет, как робот, к холодильнику, достает кулек*). Вот, выпейте с Лешкой чай.

Анна (*берет пакет*). Пап…

Николай Андреевич. Смотри, как я уже умею (*приседает с гантелями*).

Анна. У тебя же грыжа.

Николай Андреевич. Ерунда (*бежит на месте, приволакивая одну ногу*).

Анна. Тебе нельзя с гантелями. (*пауза*) Ты мне ключ не хочешь дать от новой двери?

Николай Андреевич (*перестает бежать*). Зачем?

Анна. Ну как зачем!

Николай Андреевич. Я себя прекрасно чувствую. Гони тогда 250 рублей за ключ.

Анна идет в прихожую, одевается.

Анна. Вот пятьсот. Сдачи не надо (*забирает ключ*).

Николай Андреевич (*провожает до лифта,*

начинает бегать и прыгать по лестнице).
Видишь (*радостно*), что я уже умею! (*улыбается одной частью лица, как типичный инсультник*) Я развился! Видишь, как я развился!

Анна (*на пороге*). Пап, к тебе священник приезжал? Все в порядке?

Николай Андреевич (*равнодушно*). Да, приезжал. Сказал, что я простая душа, простая душа (*начинает плакать*). Такой хороший этот священник. Он все понимает. Предложил мне венчаться с Алкой. Говорит, что я всю жизнь невенчанный жил, а это грех. И теперь должен повенчаться. И Алка хочет. А ты все ее ругаешь (*улыбается*).

Анна (*входит в лифт*). Да, вижу, ты развился.

Алексей (*выносит коробки с хламом*). Сказать ему надо, Ань.

Анна. Забудет все равно через пять минут.

Алексей. Николай Андреич.

Николай Андреевич (*прыгая на одном месте*). Чего, Леш?

Алексей. Остановитесь на минуточку.

Николай Александрович перестает прыгать, смотрит равнодушно-тупо на зятя.

Алексей. Завтра вы уедете в санаторий.

Николай Андреевич. Зимой, в санаторий? Зачем?

Алексей. Здесь начнется ремонт.

Николай Андреевич. Я уже делал ремонт. Обои поклеил, плитку вот осталось. А балкон стеклить не надо. Я не люблю, когда как в бункере. А Алка поедет в санаторий?

Анна. Пап, ты издеваешься над нами?

Алексей (*Анне*). Подожди. Тихо. Не психуй. (*Николаю Андреевичу, терпеливо*) Поедет.

Николай Андреевич. Ну тогда и я поеду.

Алексей. Вот и хорошо. Тогда до завтра.

Анна. Ты в квартиру-то зайди, запрись, как следует.

Николай Андреевич послушно заходит обратно в квартиру, слышен звук поворота ключа.

Алексей. Закрой его на второй.

Анна (*закрывает дверь на второй ключ*). Теперь не убежит. Жаль, квартира убитая, всего за 30 удалось найти. На Таганке и за 30.

Алексей (*нажимает кнопку лифта*). Ничего, поднакопим, через год нормальный ремонт сделаем и сдадим нормально.

Двери лифта открываются, Анна и Алексей

заходят внутрь. Двери закрываются. Едут в лифте.

Алексей. Уффф. Устал.
Анна. Я тоже.

В квартире Отец продолжает прыгать и бегать, он делает упражнения.

Конец
2013

SIGNALS OF RECONCILIATION

Marina Krapivina

Born in 1971 in Moscow, where she lives. A playwright
and editor, she graduated from Moscow State University of
Printing. A participant of drama competitions and festivals, her
play by "Stavanger" was published in the magazine "Modern
Drama" and staged in Tallinn (dir. Yu. Muravitsky) and Liepaja
(dir. K. Bogomolov). There are staged documentary verbatim
plays in Tallinn – "Russians, they are..." (co-authored with A.
Zenzinov and L. Kachmarik, dir. Yu. Aug), and in Moscow –
"It's Easy to Quit" (dir. R. Malikov).

CHARACTERS:

NIKOLAI ANDREYEVICH, 56 years old

ANNA, his daughter, 27 years old

ALEXEI, ANNA's husband, 32 years old

ALLA, NIKOLAI ANDREYEVICH's wife, doctor, 63 years old

NURSE

'Fathers, do not provoke your children, lest they become discouraged.' (Col. 3:21)

Reconciliation signals – a dog's body language used to express the state of stress, complacency and avoidance of social conflicts (Turid Rugos, *Dialogue with Dogs: Signals of Reconciliation*).

ACT ONE

Scene 1

A patient is pushed in a wheelchair along a hospital corridor; he is very excitable and does not realize that he's had a stroke. Being in the heat of passion, he twitches, waves his arms and legs, tries to jump, but NURSE holds him back. ANNA walks with them.

NIKOLAI ANDREYEVICH. Where?! What? Where are you taking me? Where am I?

NURSE. If you're gonna whoop things up – we'll tie you down!

NIKOLAI ANDREYEVICH. What's the score, CSKA Moscow – Rubin? Hit an own goal, with a turn! Let me take the thing I bought. What the hell?! Morons, or what? Where, damn it, is your fucking Sobyanin? Where are they? Seven thousand rubles! How shall I take it now?

Anya, Anya! *(He makes a desperate attempt to get up, but NURSE restrains him with her hand, gently, but strictly.)*

NURSE. What rage, look at him! We'll give him an injection of chlorpromazine now, and he'll calm down. Any diabetes?

ANNA. No.

NIKOLAI ANDREYEVICH. Fibreglass fabrics is there, hidden under the bottom shelf, the train from Cheboksary, carriage 10, coupé 5, seat 23. Anya, you're my favourite; Anechka, are you here?

ANNA. Here, here, don't worry. *(Leans over.)* What

is it, Dad?

NIKOLAI ANDREYEVICH *(Frantically whispering.)*
Listen, there, in my cupboard, open it at the
bottom – there are books, OK? There, if
something happens…you never know how things
will end…for the funeral, so, you can take from
there. Oh, damn it, how did it all happen, huh?

ANNA. Dad, calm down, *what* funeral – you'll
outlive us all, you just have stay here for a while,
they'll treat you and you'll come back.

*Wheelchair enters a ward. The patient is shifted from
the wheelchair to a bed with difficulty; the patient
resists.*

NURSE. Why are you so stubborn, huh? Come
on, roll over…good *(Encouragingly, when he helps
himself.)* …well done.

NIKOLAI ANDREYEVICH. And where am I,
what am I doing here? *(Raves.)* I don't need any
hospital, take me home, I'd rather die than be in
hospital.

DOCTOR enters.

DOCTOR. And where are you, d'you think? Let's
check you over, footballer. Raise your right leg,
and now the left one. *(The patient obediently follows
orders, but his movements are unbalanced like those of
a broken down, disordered robot.)*

ANNA. Doctor, it was a stroke, yes? This is
irreversible, right?

DOCTOR. Right now it is difficult to say. Need

to examine him. Initial inspection shows all the signs of a stroke of the second degree. *(Pause.)* Well, please try to bring insurance papers tomorrow, we need to register him. And passport. Come on Tuesday. And collect all his things, they can't be kept in the room. *(To NURSE.)* Bring an IV here. *(NURSE disappears behind the door for a moment.)*

The DOCTOR leaves. NURSE comes with IV.

ANYA. *(To NURSE.)* And what will he need first?
NURSE. *(Preparing IV.)* Diapers. We're out. There is a pharmacy just across the street.
NIKOLAI ANDREYEVICH. *(Listening.)* What? What diapers? What do you mean! I can go by myself *(Trying to get up, NURSE gently but firmly lays him down).*
NURSE. *(Starting IV.)* Quiet, quiet, quiet. Where are you going, huh? That's for you, my dearest. Relax your arm. Relax your arm, I said. *(Tying a tourniquet on the forearm.)* Here we go. And now work your fist, work it. *(Inserts syringe.)*
NIKOLAI ANDREYEVICH. Ouch, it hurts.
NURSE. All you men are afraid of pain. *(Pulls the needle out.)* Well, that's it. *(To ANYA.)* Also buy some water. A mug and a spoon.
ANYA. Should I buy any drugs?
NURSE. This is for the doctor to decide. You hold him, otherwise he picks the dropper off. See how restless he is. *(To NIKOLAI ANDREYEVICH.)* Any burning feeling…how is it?
ANYA. *(Gets 100 rouble note, hands it over.)* If you'd

be so kind, look after him, in case he suddenly needs to go to the toilet.

NURSE. You shouldn't. *(Takes the banknote.)* Everything will be fine. I'll stop by. I'll check them all. You see, though, he's calmed down already.

ANYA. Well, then I'll run for the diapers.

NURSE. Yeah, we can't give him the urinal just now.

NIKOLAI ANDREYEVICH. Give me the urinal.

NURSE. You splash it off, my darling. *(To ANYA.)* Look how his body twists in convulsions. Go, go, I'll hold him for a while *(NURSE sits nearby, holding the patient's hand.)* Lie still.

ANYA. Well, I'm going. *(To her father.)* Dad, you lie down here now, I'll be back soon, I'm going to the pharmacy and back.

NIKOLAI ANDREYEVICH. Anya, Anya, bring *Soviet Sport.*

ANYA leaves.

NIKOLAI ANDREYEVICH. Well, I, I want to go to the toilet.

NURSE. Really?

NIKOLAI ANDREYEVICH. Really.

NURSE. Then I'll go and get the urinal.

NURSE gets up, and starts to leave.

NIKOLAI ANDREYEVICH. Urinal? What urinal? I'm not going to the urinal. Well, I will get up and go right now on my own. *(Tries to get up, pulling his arm with the needle attached, the needle comes out of the vein; blood starts gushing.)*

NURSE rushes to the patient, pulls out a bandage and cotton from somewhere in her pocket, and makes a tourniquet.

NURSE. What are you doing, son of a bitch! *(Hits him on the shoulder, and over the head with her palm; he cringes.)* I'm not going to, damn it, molly coddle you all the time *(Strikes him again. He presses himself completely against the bed.)* Give me the right one now, come on, quickly. Give me an arm. *(He holds out his arm.)*

She rubs alcohol on his other arm, makes a tourniquet, inserts IV needle into the arm.

NURSE. That's it. Look at me. Lay quiet like a mouse. *(Looks at the level of the liquid.)* I'll come back in half an hour to check it. Does it burn?

Leaves.

Blackout.

Scene 2

A week later. Hospital. NIKOLAI ANDREYEVICH stays in the ward with three other patients. One is very sick, the other has gone out to smoke. ANNA sits near her father's bed. NURSE is standing nearby.

NIKOLAI ANDREYEVICH. One is very bad. And he's seven years younger than me. So young and so fucked up. And the other, the one who's smoking, he really looks like that actor. Remember that series, there was a character, called Hlebnasuschensky.

ANNA. *Petersburg Secrets.*

NIKOLAI ANDREYEVICH. Exactly! *(Pause.)* I got up tonight and walked to the bathroom and did everything by myself, and on the way back a man helped me, he brought me here, put me into bed and covered me with a blanket.

ANNA. Male nurse?

NURSE. We don't have any male nurses. He's making it up. He can't get up.

NIKOLAI ANDREYEVICH tries to reach a mug of water, misses, the mug falls, and water spills.

NURSE. Well, you see. He can't get up.

NIKOLAI ANDREYEVICH. He had a white robe, snow white.

ANNA. And why does he have such bruises on his arms?

NURSE. From the dropper.

ANNA. And why on the wrists? Lord! Dad, where did the bruises come from?

NURSE. Every night he tries to get up – you don't let him sleep in the afternoon, because they sleep it off and then have a restless night.

ANNA. So he did get up?

NURSE. No, of course not, look at him, he couldn't even use the urinal on his own. But he is very restless, eager to get up – he falls, he spilled the urinal here. His walking neighbour called the nurses, who barely coped, and had to tie him down.

NIKOLAI ANDREYEVICH *(Plaintively.)* They tied me down like the Gestapo, but I have to get up.

NURSE. He cannot get up, otherwise he'll be screwed for a second time. *(Inserts IV.)* Make sure he doesn't pull his arm, or pick off the dropper.

Leaves.

NIKOLAI ANDREYEVICH *(Whispers.)* Today I got up, and the man, all in white, helped me. Volodya was his name.

ANNA *(Holds his hand with the needle.)* Okay, okay, but you can't. You want to get out of here right? You want to be the same as you were before, right?

Silence.

NIKOLAI ANDREYEVICH. Give me the phone. *(She gives him a mobile.)* Call Alla. Find it, Romka wrote her number down there. In the phonebook. *(ANNA looks in the phonebook for the required name, holds the phone out, he takes it with his good hand.)* Alla, hello, Alla, will you come today? *(Pause.)* Temperature? 37.2? Will you come tomorrow? *(Pause.)* Got it, I see, yes, sorry, yes. *(Turns the phone off, addresses his daughter.)* That's one unlucky woman. Sick. Well, and here I am, an extra burden.

ANNA. Yeah. *(Pause.)* Daddy, remember, two days ago you were asking about a notary, you told me about some books.

NIKOLAI ANDREYEVICH. So?

ANNA. Call him?

NIKOLAI ANDREYEVICH. And how much does it cost?

ANNA. It doesn't matter, I'll take care of it. You just have to do it with a clear mind and good memory.

NIKOLAI ANDREYEVICH. I will go myself.

ANNA. You'll go! You already went once. Why did you lie that you wrote a will?

NIKOLAI ANDREYEVICH. And you're burying me already, yes?

Pause.

ANNA. Dad, why did you even get married at that age? *(He remains silent.)* You promised me that it would be a civil union. *(He remains silent.)* She doesn't even visit you here. And at home she only comes to see you. D'you know what that's called? Guest marriage.

NIKOLAI ANDREYEVICH. She is sick. Why are you so angry? Alka is good.

ANNA. But why did you have to marry at 55?

NIKOLAI ANDREYEVICH remains silent. A young man enters with a package.

NIKOLAI ANDREYEVICH *(Happily.)* Oh, Romka, son!

ROMAN. Nikolai Andreyevich, how are you? Here's what Mum prepared for you, homemade fruit juice, sandwiches, apples, oranges.

ANNA. He's fed well here. He can't even finish what he has to eat.

ROMAN. Hi, Anya. Well, maybe he would suddenly like something homemade?

ANNA *(Considering the contents of the package.)* Well, yeah. Sausages, for example, Bologna *(Sniffs.)* Well, not exactly fresh.

ROMAN. *(To ANNA.)* Don't speak like that. Straight from the store. *(To NIKOLAI ANDREYEVICH.)* Svetka sends her greetings. How are you?

NIKOLAI ANDREYEVICH. Oh, I'm Ok, Ok. They just don't allow me to get up. They tie me down.

ROMAN. Tie you down? Disgraceful! Where is the doctor?

ANNA. D'you want to talk with the doctor?

ROMAN. Yes. Need to complain.

ANNA. Now, *(Looking at her watch.)* it's already 7pm, the doctor is here on Tuesdays and Thursdays from 9am to 1pm.

ROMAN. Got it. *(Stands up.)* Well, it is difficult, Andreich, but it's OK, we'll try to do our best. You're gonna be alright. Everything will be fine.

Joyful, NIKOLAI ANDREYEVICH nods, tears of emotion in his eyes.

ROMAN. Well, I gotta go. Get well soon!

NIKOLAI ANDREYEVICH. And Alka, Mum, will

she come?

ROMAN. She will. Of course she will come. You know, she's just…too…got quite worried. Because you just fell right there. Thank God I held the shelf then, otherwise it would… Well, Mum called an ambulance immediately. In such cases it is important to respond straight away.

NIKOLAI ANDREYEVICH. How is it there, did you move?

ROMAN. Yes, Uncle Kolya, everything is alright, don't worry. We're living without a fridge at the moment. Well, you totally broke it.

NIKOLAI ANDREYEVICH. My gosh! What an asshole I am. I'll replace it. Right, right. Alka saved my life. She did great. Let her rest. If it's hard, if she's ill. Tell her that the food is good, I have everything I need. Everything is alright.

ANNA. *(Annoyed.)* Tell her that daughter regularly changes diapers and that they cost 450 rubles a pack, also that daughter is on duty every day from 9am to 9pm. That he has four droppers a day and I have to sit here and hold them. Generally speaking, all is well.

ROMAN. What, are there any problems? Wait, Anya, why are you flaring up all of a sudden? Just tell me, and we'll think about what to do.

ANNA. But you, damn it, try to do your best.

ROMAN. Stop, stop it. You find it difficult, don't you? Well, let's hire a carer then.

NIKOLAI ANDREYEVICH. Guys, don't quarrel, guys. Oh, my gosh! How could I end up like this?

ANNA. Carer? Do you have any money?

ROMAN. Well, we'll find the money.

ANNA. He's been here for just a week. One week we can handle on our own.

ROMAN. But you're complaining. That's why I suggested it. I work.

ANNA. And you have nothing to do with it. Where's your mother, his wife? She's the wife.

ROMAN. I've already told you Mum doesn't feel well.

ANNA. Yeah, right. What a coincidence. And I feel pretty good too. I also have a temperature of 37.5.

ROMAN. And in vain. You shouldn't take it all on yourself.

ANNA. Thank you.

ROMAN. Well, wait, wait. And did you find out how much it costs?

ANNA. I did. It's expensive.

ROMAN. Well, we'll figure something out. You can probably also ask someone here.

ANNA. Ask! Ask, ask. Go and ask. Take care of it. You are trying to do your best.

ROMAN. Well, Anya, well, don't be like that. This is your father, you know. You shouldn't talk like that in his presence, he can't be upset. And you could have called and told me, I would have found a way. *(His mobile phone rings.)* Yeah, yeah, in the hospital. Yes, it's alright *(Looks at NIKOLAI ANDREYEVICH, smiles.)* Mum sends her greetings. It's all right.

NIKOLAI ANDREYEVICH. Is that Alka? Say hi to her.

ROMAN. Mum, well, hasn't Svetka come yet? *(Pause.)* I understand, yes, you put them to bed.

Well, just like that, put them straight to bed without any talking and that's it. I'll be right there. In half an hour. Talk to you later.

ANNA. I see, she can be with children.

NIKOLAI ANDREYEVICH *(With emotion.)* How is Yurka doing?

ROMAN. Teeth were coming through last week. And Lyudochka is a good girl, 6 years old, but helps the best she can. *(Pause.)* Well, Andreich, get better, we're all waiting for that. I'll be coming to see you. Do you have my phone number? Call me if there are any problems.

NIKOLAI ANDREYEVICH. OK then! See ya.

(ROMAN leaves.) Romka, son.

ANNA. Son? Romka is your son?

NIKOLAI ANDREYEVICH. Ok, don't be jealous. I love you all, they like you too, they say nothing but good things about you – well, that you're a good girl, working and studying at the same time.

ANNA. Now I've taken a vacation at my own expense. Though we're not supposed to do that. But they granted my request.

NIKOLAI ANDREYEVICH. Well, you see. And why doesn't Lekha come to see me?

ANNA. And who did come to see you this week, Pushkin? He even changed your diapers. Did you forget that?

NIKOLAI ANDREYEVICH. Was it Lekha then? And diapers? But I get up on my own, I don't need diapers, absolutely not. You'd better pass me the urinal now.

ANNA *(Looking at the dropper.)* Wait for a bit, it will stop dripping soon, I'll take the needle out, like the Nurse taught me.

Blackout.

Scene 3

Hospital. ANNA sits at the bedside of NIKOLAI ANDREYEVICH who is sleeping. He wakes up.

ANNA. Dad, come, turn over onto your left side, I'll change your diapers now.
NIKOLAI ANDREYEVICH. Is it you, Alla?
ANNA. No, it's me, Anya.
NIKOLAI ANDREYEVICH. Did you bring me *Soviet Sport*?
ANNA. I did, I brought it. Right now we'll do the sodium chloride dropper, and then I'll read to you.
NIKOLAI ANDREYEVICH. Tell me who won yesterday, Zenit or Spartak? There, on the last page, the summary tables, look there. Give me my glasses.
ANNA. Don't twitch, or you'll pull the needle out of the vein. Why can't you be still?! Damn, you've already tortured everybody enough, for the whole month, with all your shows, look, you're bruised all over, jumping up at night, yelling like crazy.
NIKOLAI ANDREYEVICH *(Plaintively.)* They've tortured me here, daughter. *(Crying.)* Take me home, I want to go home.

ANNA. And I've poisoned the cockroaches in your home, you'll come back to a clean apartment.

NIKOLAI ANDREYEVICH. And how much did it cost?

ANNA. Don't worry, not much.

NIKOLAI ANDREYEVICH. Did you take money from the sideboard?

ANNA. I paid by myself, calm down.

NIKOLAI ANDREYEVICH. I want to live, and want you all around me – Alla, and you, Anyuta, and even that Lekha of yours. Everybody. Everything I'm doing is for all of you. Everything will be yours, you know? The cottage and the apartment.

ANNA. How can it be, Dad, when you haven't written a will yet?

NIKOLAI ANDREYEVICH. So what, you're my daughter, everything's for you. And so I asked Alka and she told me everything would be for you and I didn't need the will. Because taxes are high, and because she doesn't need anything; she is honest. And also, who's writing the will? He'll die immediately – it's such an omen – and I don't want it, *you* want it, of course, but I don't want it, I still want to live. I'm still young, with a whole life ahead of me…

Blackout.

Scene 4

Hospital. Another week has gone.

NIKOLAI ANDREYEVICH. You are deceiving me…you promise, and then don't come.
ANNA. And who is deceiving you? Huh? Who is deceiving, tell me again.
NIKOLAI ANDREYEVICH. Well, sorry, Allochka, I mean Anechka, she, her, that bitch, she is deceiving. And Valya, Valechka, *(Refers to NURSE.)* Valya thank you.
ANNA. Dad, it's not Valya, it is Ryah. Nurse.
NIKOLAI ANDREYEVICH. Yes, yes, Ryah, and Valya is my wife, the first one, she, *(Starts crying.)* I'll sing a song. I sang a song to her, when I came back from army service. I learned how to play the guitar, there in Rostov, there in the political classes, working out the Mexican fight – you know what it is? I'll show you right now. *(Trying to show but he fails.)* Hand doesn't work, bitch. And she loved me for this song: *(Starts singing, barely moving his tongue.)* 'In a beautiful castle of the king, / With his beautiful queen / A jester, beautiful, and young, lived / King loved his tunes …' I had a whole notebook full of songs like that. He sings: 'A pair of bay horses, harnessed by the dawn…', 'Damn you, Kalyma, which is called a wonder planet…' And Val'ka began to get everything cleaned and threw the notebook away…I was almost about to kill her for that, an order, damn it, that fucking order, yes…*(Pause.)*
ANNA. Yes, you were driving my mum nuts,

I remember that. But with Alla you walk on eggshells.

At that moment ALLA enters the ward (a small woman with bright red hair dyed with streptocid, bright red lipstick, and turquoise boots).

ALLA. Oh, Andreich, how are you? Feeling better? *(Sits down and hangs over him, as if ready to swallow him.)* here, I brought you cranberries… *(Rummages in a bag, pulls out a plastic bottle.)*
NIKOLAI ANDREYEVICH. Oh, it's you, Valya, Anya, Alla…well, like a dead weight, sinking.
ALLA. Don't pee your pants, Andreich. We'll do everything, we try our best.
(To the side addressing ANNA.) – Oh, Anya, oh, what to do, mentally it's so hard, morally difficult – because, of course, you condemn me, I know it – but maybe it is morally difficult to hire a carer?
NIKOLAI ANDREYEVICH *(Hears the word 'carer'.)* Oh, what carer? I don't need a carer, you better all come to me here. Don't leave me.
ANNA. He will be discharged soon. You should have hired a carer a month ago. *(Leaning over her father.)* Don't worry, Dad, no carers, no one will leave you. *(To ALLA, quietly.)* Get out of here, bitch.
ALLA. *(Starts yelling.)* Andreich, she offends me, Andreich. I'm sick myself, I have thrombophlebitis. I could barely get here, Andreich. Well, why does she offend your wife, Andreich?
NIKOLAI ANDREYEVICH. Don't you dare, don't

you dare, she's my wife! *(Starts twitching.)*

NURSE comes in.

NURSE. Right now you'd make him have another stroke.

ANNA. *(To ALLA, quietly.)* Enough yelling. If it's morally difficult, get a divorce.

ALLA. And it's not for you to decide, not for you. *(Smiles.)* Andreich, you do love me, Nikolaitch, ugh, damn it, Andreich. *(Starts to squeeze out a tear.)* I've been with you for 15 years already, that's how long we have been together. I was going to the country house with you, in winter and in summer, and they didn't go, they just came to get apples, but I was taking care of everything there, when the house was built – I kept helping. You didn't help, you didn't even go there.

NIKOLAI ANDREYEVICH. Yes, Alka helped, I would have failed on my own. I almost fell off the roof, down the stairs, well, it was a good job she was holding on, otherwise that would have been it!

ANNA. Are you for real?! Completely out of your mind, both of you! Maybe we should all have been sleeping in the same bed? And my mother together with you?

ALLA. She left him. On her own. And I slept on the hay on the floor. Oh, I have put so much into that place, it's almost my cottage, so much of my blood and sweat poured into there.

ANNA. You put your vomit and shit in there. You

82

guzzled there, and shit.

NURSE. Stop it. Look at him.

NIKOLAI ANDREYEVICH *(Twitches, tears off the dropper.)* You want to kill me, you're not my daughter, I curse you, curse you, go away, go away. Alla, Alla, don't listen to her, you're my, my girl, Valya, Valya, Anya, Anya. Damn it!

NURSE. In broad daylight…confused. You can have your showdown at home. I must go to another ward. *(To ANYA.)* Lunchtime soon, here, give him these pills before the meal. *(Leaves.)*

ALLA. You see what you've done to your father. He's delusional…my bunny.

ANNA. *(Through tears.)* That's it. You came. Great. Take a shift. There are diapers under the mattress. When he takes a dump, don't forget to change him, and he has a catheter here too, urine should be poured out in the late afternoon. *(To her father, who has turned to face the wall.)* Here comes your wife. She will wipe your ass now. And I'm leaving.

ALLA. Well, I've come only for 15 minutes! Wait, wait! Andreich, I practically live in a clinic myself, I have bad veins in my legs, look, thrombophlebitis. Here, look, my feet are swollen. And she's young, you call her a daughter, and she has no shame. It's hard for her to take care of her own father for just two weeks. It's your turn to come, to take care of him, I've done my work already. *(ANNA changes her clothes and leaves.)* Well, go then! *(Shouting after her, then pulls a bottle of port from her bag and takes a sip from the bottle.)* We're here right now, we will do everything you need. And what d'you need exactly? Huh, Andreich? Well, what an ungrateful daughter, you do everyhting for her, you build cottages, an apartment in Taganka. All for her, and she's just like that – has dropped everything and gone. And wouldn't even call after all, huh? *(Pause.)* Andreich? And why is that? *(Takes another sip.)* Because our children need us only till the time comes, and then they just wait for us to drop dead. That's it. I bet you've written the will already *(Pause.)* Right? Andreich, did you? *(Pause.)* You stay silent. Mark my words, she won't even come to see you if do it. And Romka wants to buy a car, he needs two hundred rubles to close a deal. He'll be driving you to the cottage, later, when you get out of here. Well, it'll be hard for you at the beginning. He would be there to help you. And Sveta would be there with the kids. Children, you know, they need fresh air. And those, they don't have either children or anything else, they just guard your property.

Silence.

ALLA. Andreich, how are you there? Why are you so silent? You know, I won't come at all, if you get sulky.
NIKOLAI ANDREYEVICH *(Turns with difficulty.)* Well, I dozed off for a while. Give me the cranberry.
ALLA. *(Holds out a plastic bottle of fruit juice.)* Here we go, hold it, hold it. *(She lets it go, the bottle falls*

out of his hands.) Well, you've fucking spilled it all, Andreich. I'm not going to slave away in here. Well, the Nurse will clean it. I'll go, Andreich, I need to be on time for my treatments at five this evening. Come on, get better. Tomorrow I'll send Roma, if this so-called daughter of yours doesn't come.

NIKOLAI ANDREYEVICH. I need to take the pills, it's necessary to do that before the meal, give me something to drink.

ALLA. Oh, what pills? *(Looks at a handful of pills on a saucer.)* What do you mean, there are so many they've stuffed into you. Andreich, you'll become impotent after taking so many, are you out of your mind? Well, these are pure chemicals…

NIKOLAI ANDREYEVICH. Frankly, I really do become kinda sluggish from them.

ALLA. 'Course *(Throws pills on the floor.)* There's no need to listen to them all. They will treat you to death. That dropper is good, it gets straight into the blood, it's cleaning it, and these chemicals, get rid of the fucking lot of them.

NURSE. *(Comes to check the dropper.)* And where is Anya?

ALLA. She's gone, your Anya. She left her father.

NURSE. At least you can wash his plate. *(Notices spilled juice on the floor.)* Lord, what's this?

ALLA. Well, he tried to reach and dropped it. I told him, but he didn't listen.

NURSE. *(Takes a mop.)* Such a restless one, everybody's exhausted by him alread. *(Notices pills.)* And why did you throw the pills, huh? D'you think we're a factory here or what? What are you doing it for, huh?

ALLA. Well, you really don't have to yell at him because he is sick.

NURSE. And you should at least try to look after him, he needs care.

ALLA. Oh, daughter, I'm sick myself *(Points at her turquoise boots.)* Look, my legs are swollen, I barely made it here. At home, I have two grandchildren, my son works, Yurka has teeth coming through. And then there is the hospital. That's it, you look after him, don't let him croak, it's your responsibility.

NURSE. You gotta be kidding.

ALLA. I, if necessary, will complain to your chief doctor that you don't take good care of the sick, it's your duty. They pay you to do that – you're so insolent.

NURSE. You don't yell here. I would look at you if you have to service four wards.

ALLA. And I'm done working, my child, I'm retired. And you're young, no one forced you to work here. So you'll clean his plate. *(To NIKOLAI ANDREYEVICH.)* Andreich, I'm going.

NURSE. And why does it smell like wine? *(Sniffs.)* You've been drinking here, haven't you?

NIKOLAI ANDREYEVICH. No, she doesn't drink.

ALLA. You have such thick smog in the corridors here, you can hardly breathe it's so bad, the toilets are wide open, the windows are open, everybody smokes, the sick, on their strollers, shuttle back and forth. And she has the nerve to ask who is drinking here. So, I invite an inspection in here, that will show you what is right and wrong.

NURSE. *(Mopping the floor, quietly.)* OK, just go, go away, slut.

ALLA. What? What did you say? Andreich, she has called me names. No way, did you hear that?!

NIKOLAI ANDREYEVICH. I, I don't feel good. Alla, where is Anya? Call her. I really don't feel good. You go. I'm tired, I want to sleep.

ALLA. Well, I don't know where to find anything in your phone. *(Checking the phone.)* Well, it's dead. Okay, I'll call her from home. *(She comes to the bed, leaning over her husband.)* Well, Andreich, come on, get well soon. Everything will be fine. I'll handle everything with An'ka, I'll take care of it. We're our own people. I'm not offended by her, I've got used to all these insults. So we're living, chewing crackers. More importantly, you get well, and get out of here. Romka will come tomorrow. OK, ciao.

ALLA takes off walking a bit unsteadily.

NIKOLAI ANDREYEVICH. *(To NURSE.)* Ryah, Ryah, I'm begging you, call An'ka.

NURSE *(Discontentedly.)* Wait a little bit, I have to clean up after your wife. *(Quietly.)* Whore.

Blackout.

ACT TWO

Scene 5

NIKOLAI ANDREYEVICH's dacha cottage. It's a scary overgrown plot. Overgrown sick apple trees covered with lichens and intertwined branches. It is clear that nobody has ever cared for them, they've never been pruned. Once where beds were, nettles, quinoa, tansy, dandelions, thistles and other unidentifiable weeds are growing rapidly. The house looks more like a barn: rotting wood, grey walls with peeling paint, and a mossy grey slate roof. NIKOLAI ANDREYEVICH, ANNA and ALEXEI are sitting at a table on a tiny veranda. The men drink tea. ANNA washes dishes in a basin.

NIKOLAI ANDREYEVICH. We ought to get an amnesty on the dacha cottage. Can you and Leshka go to the village council in Egorevsk? I'll go with you.

ANNA. Dad, look, where are you going to go in your condition? We'll spend three hours just walking to the train with you. A taxi drive from Egoryevsk is fifteen hundred one way, and then we come back and return here.

NIKOLAI ANDREYEVICH. Don't need a taxi. Romka will come.

ANNA. Romka won't come. He won't come here from his Lobnya.

NIKOLAI ANDREYEVICH. I gave him money for a car. He promised. He brought us here with Alka.

ALEXEI. Nikolai Andreyevich, the Chairman takes care of it, and his fee is 17.

NIKOLAI ANDREYEVICH. Too much.

ANNA. We'll pay. Dad, look, Oksana Grigorievna registered a cottage in her son's name. And he doesn't even come. But she registered it to her son's. Do you understand? With Alexander Fedorovich's liaisons. He will do everything, he has connections. It's easier.

NIKOLAI ANDREYEVICH. Too much.

ANNA. What do you care? Lesha and I will pay.

NIKOLAI ANDREYEVICH. I don't know. And then, maybe, we'll wait for Romka. He promised to come for my birthday.

ANNA. Dad, let's arrange it through Fyodorytch… but just one thing…you have to understand me correctly, we'll arrange it in my name. That's all.

NIKOLAI ANDREYEVICH remains silent, frowning.

ANNA. What is it? Don't you trust me? You will be living here with your Alla while still alive. In general, I can not come at all.

NIKOLAI ANDREYEVICH. It is necessary then to register half in Alka's name.

ANNA. Why to Alka's? What does Alka have to do with that!

NIKOLAI ANDREYEVICH. Not good. She is my wife.

ANNA. You lived here for 20 years with my mother and built this cottage with her. And my mother went with you to get a grant for it. And where is this wife of yours?

NIKOLAI ANDREYEVICH. She went to get wild strawberries, very useful berries. Alka and I built everything here. She helped. She's a fighter. And your mother left me alone.

ANNA. Don't you remember that my mum went to Ryazan to take care of Grandma?

NIKOLAI ANDREYEVICH. My mother was ill too.

ANNA. *(Pointing to the bushes.)* What's this? Look, look over there, under the currant bush? It's an empty pan.

ALEXEI. There is a bottle with water under the gooseberries too, and some jars under the cherry tree. She probably collects space energy.

ANNA. Why is she doing this? Huh?

NIKOLAI ANDREYEVICH. I don't know. Well, take away this pan away. What d'you need from her?! Why are you blaming Alka for everything? She's a good woman, kind.

ANNA. And I'm the angry one, right?

NIKOLAI ANDREYEVICH. You're always quarrelling, you always want something from me. The Will. I suppose, you're waiting until I'm gone. You stuff me with medication. And my legs are like cotton because of them. I'm not even a man anymore. And Alka knows about different herbs, she brews nettles, and birch leaf.

ANNA. You need Thrombovazim for thinning the blood, nettles thicken it. You had a stroke, you know that right?

NIKOLAI ANDREYEVICH. Well, I did have one, yes. But I'm walking on my own already. Yesterday I took a bike ride to the station, to meet Alka. She is afraid of walking through the forest from the station.

ANNA. She's afraid to come from the station, but she's not afraid to collect wild strawberries in the woods alone for hours.

NIKOLAI ANDREYEVICH *(With emotion.)* She loves wild strawberries. And I love them too. And when she came from the station back in the 90s, she was scared by some alcoholics, they almost pushed her under a train.

ANNA. *(Quietly.)* Pity. *(Loudly.)* She doesn't even clean the plates, all the towels are black, look!

NIKOLAI ANDREYEVICH. *(With irritation.)* So, clean these towels! She is allergic to chemicals.

ANNA. She is allergic to work!

NIKOLAI ANDREYEVICH. It's bad for the earth. It should be like it was in the villages before, washing with ash, and sand. Ecology. And you're too picky. Look, even Putin and Medvedev will purify the earth from chemicals. On TV they said this would happen in Gorky – I mean in Nizhnij.

ANNA. *(Looks with disgust at the plates, which she washes.)* All greasy. Oddly enough, every time I come here, I have to re-wash everything. No running water, everyone has it, it's only us who live like vagabonds.

NIKOLAI ANDREYEVICH. I have always lived like that, and I won't poison nature with your fucking Fairy. And I won't take drugs, 50 grams of vodka is better, Leonid Petrovich advises that, he also had a stroke, and he has been cured that way. 50 grams each day, and the blood vessels are cleaned. And you want to make me disabled. *(Barely rises, leaning on a stick.)* Look, here we go, right now I'm going to do an exercise. *(Starts to pull one leg, then the other, bouncing.)* Look, I have become stronger already/ *(Loses balance, almost falling, ALEXEI runs towards him and holds him.)*

Blackout.

Scene 6

Dacha cottage. Evening. NIKOLAI ANDREYEVICH is doing exercises uncomfortably: working out on a narrow path, lifting some heavy piece of iron, it's probably an old jack. ANNA is sitting on the same veranda with a book. ALEXEI is in front of his laptop.

ANNA. You're not allowed to lift heavy stuff. You have a hernia!
NIKOLAI ANDREYEVICH. Just a little bit…I need to train my legs. Alexei. *(Quietly.)* He needs to train his head.

ALLA comes with a basket.

NIKOLAI ANDREYEVICH. Oh, finally! How long can you hang around?
ALLA. Well, what's up with you, Andreich, huh? I brought wild strawberries, gathered herbs – I'd be brewing herb broths instead of taking those pills.
NIKOLAI ANDREYEVICH. But An'ka says that thrombo…what is it? It thins the blood, and nettles thicken it.

ALLA. I see that your brain has been thinned already. Pay more attention to everybody else around you. Swallow your chemicals. D'you want to be a man again?

NIKOLAI ANDREYEVICH keeps silent, starts running more intensely in the same place.

ALLA. Keep quiet. You've already started to get hard-ons. But not for long. It's all nettle, St. John's Wort, and plantain. And if you continue to take your medicine, you will be impotent.
NIKOLAI ANDREYEVICH. You're like a broken record: impotent, impotent. Look, today I was lifting the jack in the barn. An'ka was arguing with me, she said I wasn't allowed to.
ALLA. Your muscles were atrophied in that hospital, why not then get in there, be engaged, and do lifting.

ANYA enters. She carries a teapot, and cups.

ALLA. *(Sweetly.)* Oh, Anechka came here, so good. Only Anya, Anya, what tea is that – is it black? It's not good for him, he can only drink green. And even better, from herbs, let me brew it in a separate kettle. *(Pause.)* You're here for me like a daughter, I've always dreamed of a daughter, a son – you know, like a cut-off piece, he has a wife instead of me now, and a daughter, she always helps, I *(Tries to kiss.)* love you so much, let me kiss you. *(Kisses ANNA on a cheek.)*
ANNA. *(Discreetly wipes away the kiss, says*

discreetly...) Ugh, you're...drunk. In general, don't, I... I've had a mother, and I don't want any new mums, OK? Just don't do anything like that.

ALLA. Well. From the bottom of my heart, I... I love you as a daughter, you're so good, so beautiful, I...

ANNA. I really doubt it.

ALLA. What?

ANNA. All this love. Let's not talk about it.

ALLA. Well, we won't, we won't. I just want to tell you, just don't take offense at me too, I just tell you the truth so that there is nothing wrong between us, I tell you in my own way, while you're here. So, the last time, when you and Lesha left, there were bottles of beer and vodka left, and your father drove to take them to the skip.

ANNA stands rooted to the spot, she doesn't know what to do.

ANNA. Well, there were not that many bottles, and among them those that father brought. He always comes to us for drinking, smoking, and talking about the cottage, football, all of his past jobs...

ALLA. Smoking? *(NIKOLAI ANDREYEVICH.)* Gosh, are you crazy, you can't smoke!

NIKOLAI ANDREYEVICH. I didn't even inhale. One cigarette.

ALLA. One cigarette. Look at that, I can't even go away, can't even leave for a couple of hours.

Only to take bottles to the skip after you. Look at Romka, when they come, they take everything away – the smallest rubbish, all the rubbish, nothing left, and when you come, you always leave shit around and then go, it's the wrong way, it's not good…

ANNA is silent, then suddenly gets up and goes to her father.

ANNA. So, Dad, I don't understand what's going on here.
NIKOLAI ANDREYEVICH. What do you mean?
ANNA. Yours, she makes remarks, she makes remarks to *me* and *here*. About the bottles! She herself doesn't dry out!
NIKOLAI ANDREYEVICH. Come on, what's wrong with you? Alka has good feelings towards you. You're carping again.
ANNA. *(Shouts.)* Gosh, Dad! I'm begging you for one thing, tell her to stop making remarks to me, here, in my house, I don't want her to make any comments in a house built with money from my mother, can you hear me, forbid her to do it, forbid! She has no right to make them to me.
NIKOLAI ANDREYEVICH. *(Takes a stick, trying to get up.)* I'm so sick and tired of you all, your constant discontent and quarrels.
ANNA. Dad.
NIKOLAI ANDREYEVICH. I have been in such a good mood since this morning – that's always the case, and you always spoil it. Who am I doing all of this for? Why the quarrelling all the time!

(Turning, leaving with grumbles.) Why the fuck do I need all of this! I'll sell this fucking cottage, and share the money.

Leaves.

ALLA. *(With an affectionate smile and evil eyes.)* Oh, Anya, why, why are you doing this? I thought we were on the same wavelength. As it's woman to woman, I'll be frank. Why upset your father, involve him in our women's affairs?
ANNA. You and me – we don't have any affairs. There were none and there never will be. I can see through you, witch.
ALLA. *(Triumphantly.)* And it's not for you to decide. I am the wife, got it? And I will be with my husband, I'm not leaving him. Whore!
ALEXEI. Beat it…get lost *(Closes laptop, gets up, goes into the house to his quarters.)*
ALLA. Go, go, don't stumble though.
ALEXEI. *(Stumbles.)* Witch!
ANNA. *(Turns.)* I poured out all your water under the bushes. And I will continue to do so. And I threw away the pots.

Blackout.

Scene 7

Dacha cottage. Afternoon. NIKOLAI ANDREYEVICH is repairing an old bike. ANNA walks by with a bucket.

ANNA. What, it's gone?

NIKOLAI ANDREYEVICH. A flat tyre. And now they produce them without cameras at all. Here, I think, just to glue. Leshka – will he come today?

ANNA. Why?

NIKOLAI ANDREYEVICH. Maybe he will pick up Alka?

ANNA. He's not coming today.

NIKOLAI ANDREYEVICH. I won't make it.

ANNA. Take a stick.

NIKOLAI ANDREYEVICH. What! With a stick?! Am I disabled?

ANNA. And what are you?

NIKOLAI ANDREYEVICH. Doctor Tamara Nikolaevna advised me to do recovery exercises…

ANNA. You'd better repair the plumbing.

NIKOLAI ANDREYEVICH. But all the pipes are rotten. I asked you to buy clutches. You don't buy them. I can't even mow the grass.

ANNA. So the lawn mower is broken.

NIKOLAI ANDREYEVICH. Everything is broken, nobody needs anything.

ANNA. I just don't want to slave over other people's children. Different story, if you write the will. And even better…

NIKOLAI ANDREYEVICH. Once again, the will! Like a broken record. Listen, you were driving to Egorevsk, to the inventory department, right?

ANNA. So what?

NIKOLAI ANDREYEVICH. So you have documents, don't you? Because the accountant, Viktoria Sergeevna, was asking for a certificate that she needs for the records. Where is it?

ANNA. I have it. At home.

NIKOLAI ANDREYEVICH. So bring it to me.

ANNA. I'll take it to her myself.

NIKOLAI ANDREYEVICH. You give it to me.

ANNA. Why?

NIKOLAI ANDREYEVICH. What d'you mean, why? All the documents should be in one place.

ANNA. Better I keep it. More reliable.

NIKOLAI ANDREYEVICH. I'm not going to sell the cottage!

ANNA. Well, you're not going. But somebody else will.

NIKOLAI ANDREYEVICH. Same story, again and again. Maybe I also need to register you for my apartment?

ANNA. And that, by the way, would be nice.

NIKOLAI ANDREYEVICH. Well, you're crossing a line, daughter. Alka is right.

ANNA. If Alla needs it, let her go, stand in queues and try to get the certificates. I did it for you *(Turns and walks away.)*

NIKOLAI ANDREYEVICH *(Throws out the bike, annoyed.)* You know what, go fuck yourself, all of you!

Blackout.

Scene 8

Dacha cottage. Evening of the same day. Twilight. NIKOLAI ANDREYEVICH, in an old double-breasted soiled jacket, is out beyond the gate, looking at the road, then comes back. Then he goes into the house. Comes out with a stick. ANNA looks out of the window.

ANNA. Going away?

NIKOLAI ANDREYEVICH. Well, quite some time has passed since she should have been here. She called when she boarded the train two hours ago.

ANNA. Maybe she's collecting wild strawberries?

NIKOLAI ANDREYEVICH. What wild strawberries! It's already dark in the forest.

ANNA. She'll come. Don't worry.

NIKOLAI ANDREYEVICH. Daughter, maybe you'll go to meet her?

ANNA. Forive me, of course, Dad. I'm not your wife – I'm just a daughter… I can be sent to the forest at night.

NIKOLAI ANDREYEVICH. Okay, okay… Well, I'm sorry. *(Marking with a stick, then throws it away.)* This damn leg is aching, as luck would have it.

ANNA. You overdid it with your exercises. Let me take your blood pressure.

NIKOLAI ANDREYEVICH. *(Pulls a mobile out of an old jacket pocket.)* Wait a minute. *(Stumbles on the veranda, where the light is, looking for a number, calls, listens for quite some time.)* She doesn't pick up. I don't understand anything. *(He goes down again, goes to the gate.)*

ANNA. Maybe she lost her phone, it fell somewhere? Or she can't hear while on the train. It happens.

NIKOLAI ANDREYEVICH. She should be here already.

ANNA. Listen, maybe she thinks you'll meet her,

and is waiting for you.

NIKOLAI ANDREYEVICH. Maybe she even went back. Came out, it was dark and went back. Huh? Remember when you told me about Leshka, once he came to the country house for whatever reason and left immediately because he got jealous of you being with a neighbor.

ANNA. I don't remember. Dad, it's cold already, why stay outside? Come inside. I can see you're shaking, let me take your blood pressure.

NIKOLAI ANDREYEVICH. *(Hobbling up the stairs, comes onto the terrace.)* Eureka! We shall call Romka. *(Picks up the phone, looking for quite some time with partially blind eyes.)* Anya, find his number for me, I can't see any.

ANNA quickly finds it, presses the number, gives the phone to him. She goes into the room and immediately returns to the terrace with a tonometer.

NIKOLAI ANDREYEVICH. *(Speaks loudly, as with a deaf person.)* Hello, Romka? Hi! D'you know if Alka is at home? *(Pause.)* I know you're in Lobnya. Well maybe she called, did you call her? *(Pause.)* So she didn't. I've been waiting for her for three hours already. She didn't come. Phone dials through, but she doesn't answer. *(Pause.)* I thought she was at yours. *(Pause.)* What kind of girlfriends can she be with? I don't know her girlfriends. *(Pause.)* To her cousin? *(Pause.)* Can you call her? *(Pause.)* Okay, I'll wait, I'll wait. OK. That's it. Talk to you later. Bye.

ANNA. *(Comes up close to him with the tonometer.)*

Give me your hand.

Blackout.

Scene 9

Moscow. Winter.
NIKOLAI ANDREYEVICH in a sheath expander walks around the apartment, focused on himself. ANNA sits on a sofa, sorting some papers, and glancing at his exercises. ALEXEI packs NIKOLAI ANDREYEVICH's things into boxes.

NIKOLAI ANDREYEVICH. Look, how I've developed my legs already.
ANNA. Yes, well done.
NIKOLAI ANDREYEVICH. Well, let's go to the kitchen to celebrate your achievements.
ANNA. *(Pulls out of a bag a newspaper package.)* Here they are, your dollars. Exactly three thousand *(Starts re-counting.)* One, two, three, four… And your documents for the cottage and apartment, as you asked.
NIKOLAI ANDREYEVICH. Well, later.
ANNA. No, let's get it over with. Three thousand.
NIKOLAI ANDREYEVICH. But there were thirty-one hundred?
ANNA. Yes, I had to spend it on your medication, the cost was substantial, you forgot.
NIKOLAI ANDREYEVICH. And the 10,000, my pension? You said that would be enough.
ANNA. Contingencies.
NIKOLAI ANDREYEVICH. Well, okay, okay,

I'm not saying anything. You'll get everything anyway.

ANNA. Nobody waits for anything. Gosh!

NIKOLAI ANDREYEVICH. Alka and I, I mean I... we wanted...with her... *(He seems to be freezing for a second.)* to make minor repairs, and to buy a new cutting table. And this one I want to put on a balcony. Its drawers are just rotten, but a tabletop *(Hits the table.)* will be able to withstand more than the next 100 years. I'm thinking to disassemble the whole thing before the movers' arrive, around the 20th.

ANNA. So let me help you.

NIKOLAI ANDREYEVICH. It's okay, later, we have another week left. Let's have a cup of tea.

ALEXEI. I'll fix it in 5 minutes. You have just rubbish here, it's better to throw everything away.

NIKOLAI ANDREYEVICH. *(Offended.)* You've already thrown everything away, all my jars are gone. I preserved stewed fruits in them.

ANNA. Six months have passed and you still can't forget those jars. You have cockroaches because of them. Oops! *(Screams.)* That's it! *(Kills a cockroach with a trainer.)*

ALEXEI. Stop yelling! You scared me, stupid.

NIKOLAI ANDREYEVICH. Cockroaches are useful. Alka said they would bring money...

ALEXEI. You need a change of scenery, Nikolai Andreyevich.

NIKOLAI ANDREYEVICH. Soon. Don't worry.

ANNA. *(Starts sorting out the drawers' contents.)* Look how it's done. *(Puts rubber gloves on, pulls bags out, explains as if she's talking to a deaf person, clearly and loudly.)* I will put the contents of the drawers into those bags. *(Sorting things out.)*

NIKOLAI ANDREYEVICH looks stupidly at her actions with indifference, he doesn't care.

NIKOLAI ANDREYEVICH. Wait, those are screws. I thought you threw them away. I need them. I was looking for them everywhere.

ANNA. And why are these plastic bottles stored here, maybe throw them away?

NIKOLAI ANDREYEVICH. Don't! I need them, I pour vodka into them. They are light.

ANNA. And what about the glass ones? D'you need them?

NIKOLAI ANDREYEVICH. *(Thinking.)* Well, these, maybe not. Throw them away.

ANNA. Well, that's all. Now *(Pulls out broken drawers.)* we dispose of these ones. Lesha and I will come later and take this huge thing away.

NIKOLAI ANDREYEVICH. Thank you. How quickly you've done it. Good for you. And I'm slow. I'd be fumbling for a week.

ANNA. *(Takes off her gloves, washes hands, a cockroach falls on her from the ceiling, she squeals.)* Ouch! *(Shrugs.)* It's disgusting! Call that guy Chekhov from the company once again.

NIKOLAI ANDREYEVICH. Who?

ANNA. Well, the exterminator. You have a guarantee after all.

NIKOLAI ANDREYEVICH. Yes, but it doesn't work, they just take the money.

ANNA. Your flat is just infested. Why are all

the plates greasy again? I've bought you Fairy. Everything is greasy. *(With disgust.)*

NIKOLAI ANDREYEVICH. It's bad for your hands.

ANNA. For whose hands! You're repeating nonsense like a parrot. *(Looks at watch.)*

NIKOLAI ANDREYEVICH. Again you're picking on Alka. What did she do to you!

ANNA. Alka is not here, Dad. I must go.

NIKOLAI ANDREYEVICH. And we didn't drink tea yet.

ANNA. We have no time.

NIKOLAI ANDREYEVICH. Wait, I'll give you delicious candies to take with you. *(Walks like a robot, to the fridge, takes a bag.)* Here, drink tea with Leshka.

ANNA *(Takes the package.)* Dad...

NIKOLAI ANDREYEVICH. Look what I can do already. *(Squats with dumbbells.)*

ANNA. You've got a hernia.

NIKOLAI ANDREYEVICH. Nonsense. *(He is running around the place, dragging a leg.)*

ANNA. You can't use dumbbells. *(Pause.)* You want to give me the key to the new door, don't you?

NIKOLAI ANDREYEVICH. *(Stops running.)* Why?

ANNA. What d'you mean why!?

NIKOLAI ANDREYEVICH. I feel great. You owe me 250 rubles for the key.

ANNA goes into the hallway to get dressed.

ANNA. Here is 500. Keep the change. *(Picks up the*

key.)

NIKOLAI ANDREYEVICH. *(Escorts them to the elevator, starts to run and jump the stairs.)* See *(Happily.)* what I can do! *(Smiles with one part of the face, typical of a person after a stroke.)* I'm evolved! See how I'm evolved!

ANNA. *(On the doorstep.)* Dad, did the priest come to see you? Is everything all right?

NIKOLAI ANDREYEVICH. *(Indifferently.)* Yes, he came. He said I was a simple soul, a simple soul. *(Starts to cry)* He is such a good priest. He understands everything. He suggested that I get married Alka. He said that I lived unwed all my life, and it was a sin. And now I should get married. And Alka wants it too. And you're cursing her all the time. *(Smiles.)*

ANNA. *(Comes into the lift.)* Well, I see you've definitely evolved.

ALEXEI. *(Takes out boxes of rubbish.)* We should tell him, Anya.

ANNA. He'll forget it in five minutes.

ALEXEI. Nikolai Andreich.

NIKOLAI ANDREYEVICH. *(Hopping on the same spot.)* What's up, Lesh?

ALEXEI. Stop for a moment.

NIKOLAI ANDREYEVICH stops jumping, looking at his son-in-law blankly and indifferently.

ALEXEI. Tomorrow you will go to a sanatorium.

NIKOLAI ANDREYEVICH. In winter, the sanatorium? Why?

ALEXEI. Reconstruction starts here.

NIKOLAI ANDREYEVICH. I've already redecorated it. I pasted wallpaper, there are tiles left to complete. And there is no necessity to glass the balcony. I don't like being in a bunker. And will Alka go to the sanatorium?

ANNA. Dad, are you mocking us?

ALEXEI. *(To ANNA.)* Wait. Quiet. Don't get mad. *(to NIKOLAI ANDREYEVICH, patiently.)* She will.

NIKOLAI ANDREYEVICH. Well then, I will go too.

ALEXEI. That's good. Then, till tomorrow.

ANNA. Go into the apartment, lock it up, for sure.

NIKOLAI ANDREYEVICH obediently comes back into the apartment, we hear the sound of a key turning.

ALEXEI. Lock him in with the bolt too.

ANNA. *(Locks the door with the bolt.)* Now he won't run away. It's a pity the apartment is a mess, that we could get just $30k. Taganka and just for 30.

ALEXEI. *(Presses the elevator button.)* It's okay, we'll save up and in a year we'll do a standard restoration and rent it out for much better.

The lift doors open, ANNA and ALEXEI go inside. The doors close. They ride in the lift.

ALEXEI. Ufff. Tired.

ANNA. So am I.

In the apartment, NIKOLAI ANDREYEVICH continues to jump and run, he is doing exercises.

THE END

РАДИО КУЛЬТУРА

Посвящается вере в мечту

Максим Досько

Родился 24 мая 1987 года в Минске, Беларусь. По образованию радиоинженер. Занимается творческой деятельностью с 2003 года. Свободный художник. Живет в Минске.

Текст исполняет (читает) главный герой.

1.

Владимир Михайлович, а точнее Володя – прораб строительной организации Буд-Строй, для прораба относительно молод, ему тридцать один год. Живет с родителями и младшей сестрой. Организация занимается строительством многоэтажных жилых домов в городах-спутниках Минска: Заславль, Смолевичи, Фаниполь, Дзержинск. По госпрограмме в них строится много жилья, чтобы разгрузить Минск; цены за квадратный метр тут существенно меньше, люди такие квартиры берут. В его обязанности входит: найти рабочих в бригаду, организовать работу и контролировать выполнение. Это если кратко, но на самом деле работа у Володи нервная, много ответственности, проблем всегда хватает. Найти хороших рабочих, то есть с руками и не пьющих очень трудно, сейчас это нетривиальная задача. Рабочие чаще приезжие, белорусы с периферии, бывают еще украинцы, россияне, таджики, узбеки, значит им необходимо какое-то жилье подыскать, заселить. За рабочих он отвечает, техника безопасности тоже на нем, если что – с него спрос, а пьянство часто, соответственно и случаи на стройке бывают. Контролировать, это ведь над каждым стоять не будешь, не упустить надо, и потом убедить, что переделать нужно. Сдать объект нелегко всегда – недоделки, переделки, принимающему за подпись взятку, потом еще жильцы заселяются и бегают бумаги пишут, что некачественно. При всем этом в принципе работа прорабом Володю устраивает, живет нормально, как все, обычно, привык. Устраивает или устраивала…

(Звучит радио Культура, заставка "Вы на канале Культура"; аудиофайл №1.)

Это единственное, наверное, что в жизни поменялось за последнее время. Володя слушает радио Культура, Белтелерадиокомпании, сто два и девять в эф-эм диапазоне. Никогда не было у него предрасположенности и интереса к культуре, тем более искусству, он не из культурной среды, он обычный, нормальный. Это случайно получилось, перелистывал волны в магнитоле и наткнулся. Послушал немного и почему-то понравилось. Поначалу просто успокаивало нервы, от суеты отдаляло. Теперь кажется это уже целый мир для него. Полгода как это радио слушает.

(Звучит радио Культура, музыкальная заставка; аудиофайл №2.)

По словам близких, друзей и окружающих Володя изменился, что-то в нем поменялось. Сложно сказать что именно, но он стал какой-то не такой…

(Звучит радио Культура, музыкальная заставка; аудиофайл №3.)

2.

Обычная квартира в спальном районе Минска, трехкомнатная, евроремонт. Володя просыпается в шесть часов утра под будильник своей старой Нокии шестьдесят два тридцать ай. Включает радио на музыкальном центра Айва, массивного космического дизайна с огромной ручкой громкости посередине, ему, наверное, лет десять или больше, сейчас такие давно не в моде. Раньше включал радио Рокс, сейчас – радио Культура. В шесть встает, но сразу не включает, потому что в шесть по Культуре гимн, а гимн его с утра угнетает. В шесть ноль четыре Новости, слушает еще в постели.

(Звучит радио Культура, "Навіны на канале Культура"; аудиофайл №4.)

Идет на кухню, там мама уже готовит бутерброды и заваривает чай. Берет бутерброды, возвращается в свою комнату. Бутерброды – это батон обычный, например Рамонак, масло, сыр, вареная колбаса, только такие всегда. Ест их, слушает радио.

(Звучит радио Культура, передача "Музычны світанак", песня Александр Барыкин - "Осень пришла"; аудиофайл №5.)

В шесть пятьдесят пять выходит из квартиры, но так чтобы не встретиться с соседом. Его сосед выходит тоже всегда в шесть пятьдесят пять или чуть раньше. Володе очень не хочется с ним с утра встречаться, здороваться, в лифту ехать молчать. Он ждет пока сосед выйдет и двери лифта закроются, тогда и сам выходит.

3.

В семь он уже в машине, Пежо четыреста шесть, универсал, два и один литра, непрактичный белый цвет. Включает радио.

(Звучит радио Культура, заставка "У рытме дня, пачынаем новы день разам с каналам Культура"; аудиофайл №6.)

До Смолевич минут сорок. В машине слушает радио. Чем дальше от Минска, тем сигнал становится хуже, помехи, но слушать можно. В Смолевичах тоже ловит. У него еще на самом деле очень хорошая магнитола, чувствительность высокая.

(Звучит радио Культура, песня Песняры - "Рушнікі"; аудиофайл №7.)

Едет. Слушает. Думает, будничные размеренные мысли.

(Звучит радио Культура, рубрика "Арт-каляндар"; аудиофайл №8.)
(Звучит радио Культура, рубрика "Гаворым па-беларуску"; аудиофайл №9.)
(Звучит радио Культура, передача в ритме дня, репортаж "Выстава В.К. Цвіркі у сталічным Палацы мастацтваў"; аудиофайл №10.)
(Звучит радио Культура, передача в ритме дня, репортаж "Дзяржаўны літаратурны музей Якуба Коласа адкрыў выставу Пад небам Коласа у мемарыяльным музеі Крыстіёниса

Данилайціса"; аудиофайл №11.)
(Звучит радио Культура, передача в ритме дня,
репортаж "На Васемнадцатым міжнародным
тэатральным фестывали Белая вежа
арганізацыйны камітэт вырашыў адыйсці ад
інстытута журы"; аудиофайл №12.)

Сегодня ему надо поговорить с инженером
по снабжению, Александровичем, по поводу
спецодежды, три комплекта, трое из его рабочих
до сих пор в своем работают, а это по ТБ
запрещено, уже заявку давно подал, а снабжение
все тянет. Хотя бы в этот раз одинаковую выдали
или похожую хоть, а то ходят кто красный, кто
синий, кто зеленый, кто хаки, как в цирке, смех,
это же не неправильно, грязные конечно на
одно лицо, но все-таки. С утра и после обеда
обязательно Серегу с Димой проверить, два
друга собутыльника, так и тянет их остаканиться
на работе, позавчера забрал в обед бутылку
водки, не успели открыть. С машиной опять
надо возиться, в ремонт, суппорта застарели,
не разжимаются полностью, суппорта – это
тормозная система, они не разжимаются как
надо и трут по тормозным дискам, колеса сильно
греются, даже раскаляются, может рано или
поздно заклинить прямо в пути, нельзя тянуть.
Самому это не починить, только в сервис, за один
- долларов тридцать, надо оба. На следующей
неделе у мамы день рождения, надо с сестрой
и батькой поговорить что ей лучше подарить,
может мясорубку электрическую, до сих пор
советской этой ручной крутит когда котлеты или

голубцы; мясорубку только не Белвар, они хотя и дешевые, но очень плохие, просто фиговые, шумная, свист идет такой когда крутишь, греется, отверстие узкое, ничего большое не лезет туда, недолговечная, с виду некрасивая - это один знакомый говорил, тому на свадьбу такую подарили. Может быть действительно можно дачный участок купить, мама хочет, все-таки своя земля будет… но это же дом строить потом, заборы, сараи, в первый год обязательно фундамент по новому закону должен быть. Не, лучше эти деньги ее сейчас на квартиру отложить, только дома не хранить конечно – на счет положить и естественно на валютный. Квартиру кстати можно подумать не в Минске, а типа как они строят, но, наверное, в Фаниполе, не в Смолевичах. Да, в Фаниполе удачнее было бы. Только не их организации чтоб дом, зная как у них все делается, такого не хочется, хотя скорее всего и другие не лучше строят, может и хуже еще. Сейчас сразу надо будет проверить, как вчера на пятом сделал, после работы заставил там одного переделывать.

(Звучит радио Культура, песня Сябры - "Пяшчота"; аудиофайл №13.)

4.

На объект Володя приезжает раньше, чем
приходят рабочие. Рабочие к восьми, а он без
двадцати уже на месте обычно. Проверить,
посмотреть, подготовить. Часто он вообще
первый на объекте. Сторожа на объекте
три разных, посменно, с двоими он только
здоровается, с третьим иногда общается недолго,
добрый веселый дед, анекдоты рассказывает.
Сегодня не этот дед дежурит. Поздоровался,
взял ключи от своего склада, пошел. Обходит
старательно лужи, хотя и начало сентября только,
а сильно дождливо уже неделю, только у дома
все равно наступил, в мелкую, но плюхнуло,
на джинсы полетело. Володя не переодевается
на объекте, ходит в чем приехал, ну прорабу
не обязательно, он руководитель, к тому же на
работу не одевает парадной одежды, так, что-
нибудь из старого и что не жалко уже или бывает
купит специально что на работу носить.
Пошел сразу на пятый смотреть что этот
вчера напеределал. С утра, пока никого нет,
в доме жутковато, но не так чтобы страшно,
ему даже приятно такая тишина, идешь и
только свои шаги слышишь по лестнице. На
это раз вполне нормально сделал он, точнее
переделал, принимается, только не убрался
за собой, маляры придут станут скандалить.
Поднялся дальше, где сейчас работают, включил
рубильник электричества, проверяет вчерашнее
сделанное, как застыло. Открыл склад, выкатил
штукатурную станцию. Склад – это одно из
помещений на этаже с дверью на замке; раньше

склада не было, инструменты так оставляли, потом начали воровать сильно, приходишь с утра – половины инструмента нет, инструменты не хитрые: шпатели, правила, терки, уровни, но все равно перли и это. А вот штукатурная станция – очень дорогая штука, больше шести тысяч, только ее просто так не сопрешь, тяжелая, массивная, сейчас и она на складе. Понятное дело – воруют свои же, то есть из других бригад, по мелочи всякое несут. Рабочие к восьми ровно приходят, точнее они еще переодеваются там, внизу, в бытовке минут десять и сюда идут, опаздывать Володя не позволяет. Штукатурную станцию их организация берет в аренду, шесть с половиной миллионов в месяц; вот если самому купить станцию и своей же фирме сдавать, шесть миллионов в месяц ни за что – нормально так. Вообще и деньги у него есть, на счету в банке семь тысяч почти, вроде можно и взять, но и головной боли с этой станцией ого – следить за ней надо, чтоб аккуратно пользовались, расходные материалы, а хранить тоже где, если объектов вдруг не будет, в квартире что ли, в прихожей, да ну…

5.

Приходят рабочие. Сейчас у Володи в бригаде восемь штукатуров, все славяне, семь беларусов, один россиянин. Серега и Димон – два друга, им по тридцать лет, они со Столбцов, раньше работали в Минске, там устроили драку на объекте, их выгнали и начали разбирательство, они сюда, подальше сбежали поэтому; их проблема в пьянстве. Михаил – постарше мужик, сорок два года, дело свое знает, опыт есть, не пьет, в принципе положительный, семья, двое детей; из Минска ездит (все остальные тут же, в общежитии живут), он минчанин. Витя – молодой, двадцать один год, образования никакого нет, даже училища, сазу после школы со старшим братом по шабашкам, брата потом посадили – по пьяни угнал машину покататься и разбил; он из глухой деревни под Могилевом; тупой вообще, но исполнительный, ничего. Левый – раздолбай, Левый, это кличка естественно, по имени его никто не зовет, все Левый, да Левый, наверное, и родители так зовут, он классический похуист, как сам себя называет; тридцать пять лет, но выглядит на двадцать пять; к жизни относится легко и непринужденно, за душой ничего нет, просто живет и все, умеет штукатурить, может рекордно много выпить, найти хороших шлюх недорого; в работе неаккуратен, любимое выражение – и так пойдет. Костя – закодированный бывший тайский боксер, тридцать три года, здоровенный, мощный, как мужики говорят: с первого удара забьет, второй – по крышке гроба; кодировался уже три раза, если начинает пить становится страшным, неуправляемым; есть вроде ребенок, но с семьей не живет. Николаевич – пожилой мужик, почти дед, лет шестьдесят ему где-то, старой строительной закалки, прожженный такой; пьет постоянно, исключительно плодовое вино, при этом работает безотказно, всегда имеет бурое лицо и легкий перегар, он единственный, кому у Володи перегар позволяется; есть семья, взрослые дети, внуки уже. Всего восемь рабочих, сегодня работает семь, еще один, россиянин Гена, сломал палец, на больничном; сломал на ноге, не во время работы, говорит даже трезвый был, споткнулся просто с горки; он нелегалом в бригаде, то есть работает неофицильно; с Брянской области, говорят вроде бывший наркоман, хотя бывших наверное, не бывает в этом деле; так как он нелегал с поликлиникой возникли проблемы, Володя ходил договаривался, пришлось платить.

Серега, Димон, Михаил, Витя, Левый, Костя, Николаевич и Гена. С рабочими Володя старается как бы себя на равных вести, по-свойски, хотя со стороны если смотреть, у него слабо получается на самом деле. Бодро здоровается, пытается беседу завести, поддерживает ее разговорами ни о чем, о погоде, например. Володя всех проверяет, чтобы были трезвыми, ну, трубку они ему не дуют, но он приглядывается так, ходит рядом, нет ли перегара. Сегодня обязательно дыхнут Серега и Димон, на контроле. Вообще каждый тут свою работу знает, то есть что делать надо, идут и работают, ну покурят еще постоят. Курят все, кроме самого Володи, но он все равно стоит со всеми в это время. Потом вкратце, в общем задачи объясняет, задачи всегда одинаковые приблизительно – сегодня от сих до сих необходимо успеть, сделать, кому что исправить, если какие вопросы отвечает, обсуждают. Работа начинается.

6.

Володя спускается в машину, включает радио.
В это время появляется сонная такая усталость.
Сиденье откидывает, слушает. Думает, немного
дремлет.

*(Звучит радио Культура, передача "Вандроўка ў
часе", песня "Бэсаме Мучо"; аудиофайл №14.)*

Да, все-таки надо маме мясорубку купить,
сегодня посмотрю, может если Бош будет
меньше ста пятидесяти, то можно брать, а может
лучше уже сразу кухонный комбайн взять…, не,
такой который с функцией мясорубки под триста
баксов будет, дорого; короче сегодня глянуть
на онлайнере надо. Дачный участок – ну нафиг,
беспонтовая затея. Может действительно себе
фирменные кроссовки взять парадные, надоело
это ждановическое фуфло, разваливаются
за месяц; вчера глянул на кросс-бай просто
так, какие цены узнать, Рибок Дэш Раннер
понравились, синие, классика, в наличии его
размер есть, сорок четвертый европейский, это
сорок третий наш – сто пятнадцать долларов;
если оригиналы, то цена нормальная, а вдруг
лажа, подделка…; не, на кросс-бай вроде только
оригиналы продают. Хотя кроссовки… лет то уже
сколько, туфли бы на осень. … Бля, как эта муха
в салон залетела, кыш, осень уже – спать пора
тебе, кыш, пошла вон.

*(Звучит радио Культура, передача "Вандроўка
ў часе", песня Клавдия Шульженко - "Синий*

Смс пришла, опять эта Планета Секонд Хенд,
вечно шлют смс-ки: шестого сентября привоз!
стопроцентная смена товара! Франция, Италия,
Шотландия! Пару раз в этом секонд-хенде
был, на Каменной горке который, анкету сдуру
заполнил, теперь смс шлют каждую неделю;
и каждую неделю пишут что стопроцентная
смена товара – развод, лишь бы заманить. Хотя
джинсы там купил кажется неплохие, ярлык
Левайс, на стоке, там есть подержанное, а
есть стоковое, не ношенное. Сначала думал
настоящие, теперь сомнения по этому поводу –
сильно красятся, мажутся, то есть коленки синие
становятся как поносишь, на майке тоже следы;
может и настоящие тоже мажутся, хрен знает,
настоящие никогда не носил. Забыл сегодня
шланги штукатурной станции проверить, надо
проверить, если износились – поменять, чтоб не
как в прошлый раз, лопнут – не отодрать потом
эту штукатурку, забрызгивает все кругом со
страшной силой. Еще электрика позвать, пусть
подключение ее проверит, мужики жалуются, что
как бы током бьется на корпус.

*(Звучит радио Культура, передача "Вандроўка
ў часе", песня Эдит Пиаф - "Non, Je ne regrette
rien"; аудиофайл №16.)*

7.

К десяти где-то появляется руководство, планерка. Претензии у руководства бывают обоснованные, но по отношению к Володе чаще необоснованные, ведь он ответственный. Володя злится, когда его отчитывают, в основном это по срокам, все быстрее и быстрее надо; злится но молчит. А чего доказывать… без толку, только нервы свои потратишь.

После планерки разбирается с документами: проекты, отчеты, сметы, заявки… Бумажной работы у прораба хватает, даже если у тебя вот одна бригада всего. Володя как-то приноровился и с бумагами быстро разбирается, уже знает где читать надо, где сверять, а где так подписать можно, не глядя. Однако внимательность всегда необходима, однажды чуть не попал на пятьдесят миллионов, в смете количество материала с ошибкой было, не заметил. Но у Володи есть привилегии, ну, когда проблемы – есть куда обратиться жена директора двоюродная сестра его мамы, так то они не общаются практически, если проблемы - тогда уже подключаются связи. Важные документы Володя старается отксерокопировать, это если на офисе в Минск, или на месте если, то на мобильник фотографирует; в Нокии шестьдесят два тридцать ай камера всего один и три мегапикселя, но документы можно, если освещение нормальное и не тряси, когда снимаешь.

Фотографирует и если где-то вопросы, косяки по стройке не по вине его бригады. Например, вот на четвертом каменщики стену так в одном месте положили, что она уходит, наклон то есть, градусов аж на десять, это штукатуркой никак не выровняешь, даже если захотеть. По ТКП до пяти миллиметров слой можно класть. А бывает, что и два сантиметра приходится делать; что это за стены у людей потом будут, это же обвалится рано или поздно. Или вот тоже каменщики, на наружной стене из газосиликатных блоков горизонтальные швы промазали, а вертикальные нет; Володя инженеру пожаловался, тот сказал штукатурить так, потому что уже переделывать никто не будет; а что такое штукатурка... потом из этих щелей холод будет идти, зимой у людей иней на стенах будет... Бардак. Это Володе очень не нравится, но сделать с этим лично он ничего не может ведь, поэтому делает, как скажут. После руководства поднимается к своим. Ретранслирует указания свыше. Проверяет бегло, что уже сделать успели.

8.

В одиннадцать у Володи второй завтрак. Идет в машину. Пьет чай из термоса, ест бутерброды. Слушает радио.

(Звучит радио Культура, передача "Літаратурная анталогія", Джордж Байрон - "Дон Жуан" у перакладзе Уладзіміра Скарынкіна; аудиофайл №17.)

Хреновая это колбаса, Нежная По-оршански, зеленеет как отрежешь, сразу красивая, а полежит – зеленеет, красителей наверное полно, улетучиваются, а родной цвет тухлый, и на вкус ватная какая-то, во рту расползается вся. Маме сказать, пусть такой больше не берет. Сейчас выбор всего в магазинах большой, даже в их захудалом универсаме на районе, выбрать можно.

(Звучит радио Культура, передача "Літаратурная анталогія", Джордж Байрон - "Дон Жуан" у перакладзе Уладзіміра Скарынкіна; аудиофайл №18.)

Продукты лучше беларуские только покупать, российское – это непонятно где сделанное, подделки вечно, да и белорусское дешевле. А вот недавно печенье соленое видел, в Германии произведено, ну офигеть, печенье-то с Германии прямо везти, своего такого хватает, оно еще и дорогое; и кто его покупает? может из-за упаковки красивой или фанаты Европы, наверное, еще покупают.

*(Звучит радио Культура, передача
"Літаратурная анталогія", Джордж
Байрон - "Дон Жуан" у пеpaкладзе Уладзіміра
Скарынкіна; аудиофайл №19.)*

Перекусит, посидит немного.

*(Звучит радио Культура, передача
"Літаратурная анталогія", Джордж
Байрон - "Дон Жуан" у пеpaкладзе Уладзіміра
Скарынкіна; аудиофайл №20.)*

9.

Ходит по объекту. Общается с другими прорабами, со сторожем, если дед, еще с кем-нибудь. Общается номинально, чтобы вроде не говорили, что необщительный типа, угрюмый. А тут еще одна малярша знаки внимания подавала, ну, поглядывает так, улыбается, потом сама подошла, теперь они иногда разговаривают. Но у них ничего не выйдет, она же малярша, их бригада с Украины, то есть она украинка, тем более не сильно красивая по его мнению. Прораб Жора рассказал случай. Вчера вечером шел из магазина, в магазин по мелочи и за пивом ходил, это уже поздно вечером, после девяти где-то, идет и заметил вдруг темное что-то в траве у торца сорок шестого дома, он в сорок четвертом живет, пригляделся – так это человек лежит. Ну пьяный, наверное, как обычно… Прошел. Потом остановился, в отдалении немного. Курит, стоит. Люди идут, там не пустынное место. Большинство замечает кучу эту, но дальше идут. Мужик с собакой, мелкой такой, этой, волосатой, йоршс…, йорксшс…, ну терьер этот, кинулась собачка, тявкает, они тявкают мелко так, учащенно, хозяин только - фу-фу-фу, за поводок оттягивает и с испугом быстренько ушлепал. Не, ну это офигеть, даже не посмотрел никто не подошел, во люди, сердце прихватит так и никто не поможет, окочуришься! Как раз менты шли трое, ну эти, салабоны, которые ходят по району патрулируют, им сказал, они там его растормошили, потащили. Не ну люди сейчас, всем похер!

Володе не совсем это понравилось, как Жора это рассказывал, типа что люди черствые, сам-то ведь тоже не подошел, стоял смотрел, может если бы менты не проходили, так бы домой и пошел просто. Но виду Володя конечно не подал, согласился, что люди сейчас только о себе думают, что так нельзя…

Вспомнил анекдот, который дед-сторож позавчера рассказывал, про стройку: 'летят два кирпича с крыши, - что-то погода плохая, - ничего, главное чтобы человек хороший попался.' Прикольный анекдот, Володе кажется что смешной; батьке вчера рассказал – не смеялся, сказал, что гэты анегдот с его децтва, старинный то есть, бородатый.

У главного инженера жена в больнице, тяжелое состояние. Володя подошел, поинтересовался как она. Не просто из вежливости поинтересовался, ему действительно жалко жену и инженера, он хороший мужик, из руководства самый нормальный. Инженер вместе с женой в начале лета летали отдыхать на Бали, вот там она подхватила кишечную инфекцию, сначала было как простое отравление, а потом осложнение и очень тяжелое состояние. Наши врачи при этом толком пока сказать не могут что это именно. Инженер сейчас сам не свой, это понятно, но на работу вот ходит, все что надо делает.

Нашел электрика, чтоб тот посмотрел подключение станции у них. Электрик вроде трезвый, что хорошо и странно, обычно он этим не отличается.

10.

В час на стройке обед. Володя в это время не обедает, он позже, во-первых, с его второго завтрака еще мало времени прошло, во-вторых, пока рабочие его обедают, он может посмотреть что сделано, проверить, никому не мешая.

Витя опять яму сделал, впадина то есть, но пойдет, не очень страшно. Левый как всегда тяп-ляп, будет потом теркой орудовать до посинения, надоело это уже; так, а вчерашняя стенка у него уже шелестит, отошла штукатурка и не в одном месте, задолбал, тут и трещины еще! Зачем вот так делать, чтоб потом переделывать. Например, Николаевич никогда аккуратностью тоже не отличается, но как-то так делает, что это терпимо, проходит. Димон с Серегой сегодня ну просто асы, ювелирно, почаще нагоняев отвешивать им надо. Шланги у станции еще нормальные, еще продержатся.

Вообще, наверное, нормальные рабочие у него, может зря он так к ним серьезно, вот же работают, делают, в целом нормально делают и быстро, только Левый, но он не в счет, на то и левый. Может сговориться когда, всем вместе собраться поехать на рыбалку или усадьбу снять на выходные, или в баню… Поговорить нормально по-человечески. Мы же как одна семья, мы же вместе.

11.

Левый сразу начал конючить насчет переделать вчерашнюю стенку и сегодняшнее подправить, потом согласился, вчерашнее там действительно неслабо отошло. Серега и Димон после обеда опять дыхнули – нормально. Витя пораньше попросился уйти сегодня, зуб поедет в Минск лечить.

12.

Перед своим обедом Володя прогуливается немного, в город ходит. Смолевичи – обычный такой город, как все небольшие под Минском, ничего особенного, стройки только сейчас много. Возле магазина КООП Крама №21 скандал. Два мужика стоят насупившись, их отчитывает другой мужик, эти два – в рабочей одежде с надписью Шипяны-АСК, этот – видимо их начальник, а может вообще директор этого АСК, по виду на директора, председателя тянет. Бутылку вина-чернила большую, ноль семь, в руках держит и их отчитывает, что типа они алкаши, работу кинули, аж в Смолевичи приперлись (уборочная, в это время в сельских магазинах спиртное не продают), что на все им наплевать, не стыдно ли… Посадил их в свою Ниву и поехали.

Володя стоял смотрел, подумалось, это навело на мысль, что надо еще раз, как вернется, проверить Димона с Серегой, а то, может, они в обед не пили, зная что он проверит, а потом сообразят. Зашел в магазин. Небольшой. Обильно висят липучки для мух, ленты эти такие, хотя мух уже и не летает, видно с лета еще не сняли, улеплены летними мухами висят. Купил сникерс, после обеда съест.

Нормальный город. По ощущению как в старом спальном районе в Минске, типа Серебрянки, многоэтажек пока не так много, но стройка кругом идет. В принципе можно жить. Магазинов хватает, продуктовых, хозяйственных, универмаг, кафе несколько есть, ресторан, хотя это тоже скорее кафе, просто название, дом быта, ФОК, учреждение культуры "Клуб", две школы, гимназия, больница.

13.

Около двух обедает в машине. Собойку ему
собирает мама, поэтому никогда не знает наперед
что сегодня на обед будет, пока не откроет
термос, у него специальный термос большой с
широким горлом, тепло до обеда держит. Даже
интересно так – открывает, смотрит что же там.
Мама всегда хорошую собойку собирает, она
работает в столовой Интеграла, у них большая
столовая, продукты, полуфабрикаты и так далее
всегда есть в доме. Часто все полностью не
съедает. Есть не спеша, слушает радио.

*(Звучит радио Культура, передача "Праз плынь
стагоддзяў", город Ліда; аудиофайл №21.)*

Пюре картофельное; курица, грудка; салат:
помидоры, болгарский перец, лук, подсолнечное
масло; хлеб Водар. Очень не любит если хлеб с
тмином, вообще такой есть не может; а бывает
еще хлеб с изюмом, курагой и орехами, так это
вообще не понять что такое, пряник или хлеб; его
любимый – Водар.

*(Звучит радио Культура, передача "Праз
плынь стагоддзяў", город Ліда, Лідскі замак;
аудиофайл №22.)*

Чай, литровый термос, половину с утра,
половину сейчас, обычный типа Принцесса Нури
или Беседа, он не гурман; глазированные сырки,
особенно шоколадные любит, на сырках лучше
сразу срок годности проверить, в столовой могут

залежаться, а на стройке туалет обычный, на улице, неудобно; булочка с корицей или с маком.

(Звучит радио Культура, передача "Праз плынь стагоддзяў", Лідскі замак, интервью директора лідскага гісторыка-мастацкага музея; аудиофайл №23.)

Сникерс. Откусывает понемногу, растягивает удовольствие, смакует.

(Звучит радио Культура, передача "Праз плынь стагоддзяў", Лідскі замак, экскурсия по замку; аудиофайл №24.)

После обеда можно полежать, послушать.

(Звучит радио Культура, передача "Праз плынь стагоддзяў", музыкальная заставка; аудиофайл №25.)

14.

Пошел проверять Димона и Серегу. У Димона действия неслаженны, подозрительно, с Серегой тоже что-то не то, кажется. Наблюдает, присматривается. Похоже, что все-таки выпившие. Вопрос в лоб – пили или нет? Отрицают: как мог подумать, ведь проверял после обеда уже, знают же, что на контроле, не пили они. Вблизи похоже перегар ощущается, дыхнули – все ясно, все-таки приняли. Все! свободны, работу закончили и валите отсюда, и завтра можете не приходить, послезавтра получите расчет. Сначала все еще пытаются убедить, что не пили, потом начинают проситься, делать вид как бы горе большое, сильно расстроились, что такое больше не повторится больше, не, повторится. Все, свободны, свободны! Хватит! Кидают инструменты, уходят. Серега кричит на Димона, типа это он виноват. Возвращаются, опять просятся. Все, я сказал свободны.

Сами виноваты, знали что на контроле, ну как дети, кого обмануть хотели… думали раз после обеда проверил так и все, опасность миновала?! Володя злится, но в этот раз и жалко почему-то их стало. Нет! Хватит с ними возиться, завтра же уволить, еще и статью вписать, а то всю жизнь так будут и не одумаются. Пусть кодируются, пусть что хотят теперь…

Володя распереживался. Хотя знает – поступил правильно, Михаил его тоже поддержал: что правильно, давно их надо было турнуть. Володя все рано расстроен. Но все это он при себе держит, виду не подает, конечно, с виду он строг.

15.

Поднялся этажом выше, там никого нет, включил радио в телефоне, слушает в наушниках.

(Звучит радио Культура, передача для детей "Мэры Попінс", о профессиях; аудиофайл №26.)

Самое сложное – это люди, руководить. Это больше всего в работе не любит. С людьми это всегда сложно, особенно на стройке, тут такой контингент. По первому времени, когда стал работать прорабом, вообще не мог с собой совладать, по натуре, с детства он тихий, добрый, так что подобные случаи нелегко ему. Только работа есть работа, надо.

(Звучит радио Культура, передача для детей "Мэры Попінс", взрослые о профессиях; аудиофайл №27.)
(Звучит радио Культура, передача для детей "Мэры Попінс", дети о профессиях; аудиофайл №28.)

Может бросить все…
Ага, да, конечно, бросить, как же. А что тогда делать, место тут хорошее, зарплата, должность, вкалывать не надо физически, знакомства в руководстве. Нефиг тут нюни распускать…

(Звучит радио Культура, передача для детей "Мэры Попінс", песня о достижении целей; аудиофайл №29.)

Звонит телефон. Это мама одного из уволенных ранее, Руслана. Руслану этому двадцать пять лет, а он уже пропитый алкоголик, его лечить надо, он постоянно напивается, причем сильно, до белой горячки. Мама спрашивает, почему Руслана уволили, он сейчас из-за этого расстроен и уже вторую неделю пьет не просыхая, пусть его назад возьмут, почему уволили. Володя пытается объяснить ей, что Руслан не может работать у них, у него постоянные запои, его лечить надо, он хронический алкоголик уже. Мама начинает кричать, что он не имеет права называть ее сына алкоголиком и что он не алкоголик, просто сейчас в жизни трудный момент; она будет жаловаться, она дойдет до министра, до президента, у нее связи. Володя сбросил звонок, больше слушать это нет сил. Тут же опять этот номер звонит, скидывает.

Еще больше расстроен. Эти два придурка, мамаша, прям навалились в один момент все. Надоело все. Точно брошу, уйду…

(Звучит радио Культура, передача для детей "Мэры Попiнс", детская песня о нотах; аудиофайл №30.)

Не может сидеть на месте. Поднялся на крышу, ходит, смотрит, панорама красивая.

(Звучит радио Культура, передача для детей "Мэры Попiнс", детская песня об осени и школе; аудиофайл №31.)

Немного успокаивается. Сам себя успокаивает.
Это ненормально - так переживать. Все это
фигня, рабочие моменты. Сколько их уже
было, сколько будет. Ловит себя на мысли,
что вообще-то последнее время стал другим.
Уже было подстроился под прорабские
свои обязанности, как положено, строгий,
размеренный, практичный, где надо жесткий,
когда надо настойчивый. А сейчас вот опять эта
его мягкотелость наружу прет. Нельзя! Все так
живут, это нормально, обычно, так надо.

*(Звучит радио Культура, заставка "Вы на
канале Культура, мы за вечныя каштоўнасці";
аудиофайл №32.)*

Еще радио это...
Перелистывает волны. Наткнулся на Новое радио
(такое название – Новое радио, формат клубной,
танцевальной, энергичной музыки). Вот это
радио для нормальных людей, в ритме жизни.

*(Звучит радио Новое, часть песни Selena Gomez -
"Come and get it"; аудиофайл №33.)*

Немного послушал. Выключил.

16.

Спустился на свой этаж. Рабочие уже собираются, скоро пять. Сгребают сухую штукатурку на полу, метут, от этого жуткая пыль стоит, ничего не видно. В пять конец рабочего дня. Рабочие уходят. Володя прощается со всеми, до завтра. Ждет когда пыль осядет, рассеется. Потом ходит проверяет как и что сделано. Закрывает склад. Стоит думает. Включает "Новое радио" в телефоне, в динамик.

(Звучит радио Новое, часть песни Fergie, Q-Tip & GoonRock - "A little party never killed nobody"; аудиофайл №34.)

Совсем немного слушает, выключает. Отключает рубильник электричества, гаснет свет. Уходит.

17.

Едет домой, радио. Не очень хороший день сегодня получился.

(Звучит радио Культура, передача "З літаратурнай пошты, перадача для тых, хто справуе сябе ў прыгожым пісьментсве"; аудиофайл №35.)
(Звучит радио Культура, передача "З літаратурнай пошты", стихи Алены Пажугі; аудиофайл №36.)
(Звучит радио Культура, передача "З літаратурнай пошты", стихи Галіны Сутула; аудиофайл №37.)

Уже проехал полпути. Звонит телефон. Это Серега, звонит из общежития, беда. Димон заперся у себя в комнате и собирается вешаться, никому не открывает; они с горя, после того как со стройки ушли, добавили, а потом Димон разочаровался в жизни и решил повеситься; надо чтобы Володя приехал, может ему откроет, может он успокоит.

Вот это да! Супер-день сегодня. Володя разворачивается, едет назад. Сильно волнуется: мало ли что и этот дебил правда повесится, его же затаскают потом, на нем смерть будет, он тогда виноват будет. Давит на газ.

18.

Приехал быстро. Серега уже собрал народ у комнаты Димона. Мужики стоят курят, женщины с испугом в глазах. Димон никому не открывает, иногда орет, грозится повесится. Милицию пока не вызывали. Володя стучит, говорит с Димоном. Димон еще сильнее орет: что пусть это будет на совести Володи, что он уже в петле, если дверь будут ломать – он прыгнет со стула. Серега подсказывает Володе, пусть типа скажет, что с работы Димона не уволит, оставит, прощает ему сегодняшнее. Володя говорит это; сейчас такой случай, любые средства пойдут; как может успокаивает его.

Где-то через полчаса удалось уговорить Димона, он открыл дверь; петли не было, просто сидел за столом, пил водку. Димон просил прощения у Володи за все, потом заснул, вырубился.

Володя оставил Серегу следить за Димоном, милицию естественно решили не вызывать. Поехал наконец домой.

19.

Едет медленно, очень перенервничал, трясутся руки.

(Звучит радио Культура, опера П.И. Чайковского по мотивам повести А.С. Пушкина "Пиковая дама"; аудиофайл №38.)

Как с этими поступить… Уволить? Обещал же Димону, что оставит, что простил. Но это ничего не значит… просто ситуация, что за обещания могут быть. Уволить и забыть. … Хотя, может, и оставить надо, вдруг опять вешаться будет. Да, лучше пока оставить их.

(Звучит радио Культура, опера П.И. Чайковского по мотивам повести А.С. Пушкина "Пиковая дама"; аудиофайл №39.)

Что за люди. Не живут нормально, спокойно, как все…

(Звучит радио Культура, опера П.И. Чайковского по мотивам повести А.С. Пушкина "Пиковая дама"; аудиофайл №40.)

Опять телефон звонит. Володя пугается, снова этот начал что ли… Нет, это друг звонит, предлагает встретиться, пива попить. Друзья, со школы еще, с района одного, бывает встречаются, просто поговорить, пива выпить, иногда по выходным на шашлыки или рыбалку. Володя сказал, что сегодня не сможет. Ему не хочется встречаться сейчас, день сегодня сложный выдался. Да и вообще не хочется встречаться с ними, обидели.

В их компании все уже очень разные люди, но вот все равно встречаются. Один из друзей, художник или что-нибудь в этом роде, даже выставки были, образования соответствующего нет, он говорит, что занимается концептуальным искусством, сейчас готовит проект и показывать его будет, может быть, если договорится, в галерее (со странным названием) Ў-кароткае. Так Володя как-то сказал, что слушает сейчас радио Культура, что ему в принципе нравится, интересно, что культура и искусство – это важно, что друга в его творческом начинании поддерживает. Думал друг-художник его поймет, а он поднял Володю на смех: радио Культура – это рудимент, тухлятина, это для старперов, что те кто это делает отстали лет на сто, что вообще стыдоба это радио, нормальные художники такое не слушают, это радио – госзаказ на культуру, ни о чем, только деньги бюджетные тратят. Он посоветовал Володе не позориться и никому не говорить, что радио это слушал; смеялись, подкалывали. Если уж хочет, если вроде искусство интересует, то в интернете пусть посмотрит сайты, называл сайты.

Володя конечно сделал вид, что с ним согласен, но радио все равно потом слушал. Теперь он уже знает, что это несовременно все, но слушает, ему нравится. Сайты, что советовал друг, он не смотрел.

20.

Домой попал сегодня только к восьми. Мама
переживает, что сегодня поздно и вообще в
последнее время задерживается, только работу
и видит. Батька смотрит телевизор, если есть
футбол, то смотрыт футбол, если футбола нет
– серыалы пра минтоу по НТВ или просто все
подряд. Мама разогревает ужин, Володя ест.
Рассказывает маме, что сегодня было. Она
вздыхает, охает, переживает, доведут тебя эти
алкаши до нервного срыва… На кухне тоже
телевизор, Володя без телевизора есть не может,
обычно смотрит Дискавери. Беар Гриллс в
Сибири, мороз под тридцать, переплывает реку
вплавь голым, офигеть. Сестру Володя видит
редко, с утра еще спит, вечером ее нет.
Поел. Идет в свою комнату. Включает радио.
Лазит в интернете.

*(Звучит радио Культура, передача "Канцэртная
зала", прямая трансляция, концерт; аудиофайл
№41.)*

Вот, нормальная мясорубка, Бош МФВ
тысяча пятьсот один, за восемьдесят долларов
можно взять, тысяча ватт, мощная, пойдет
такая наверно. Рибок Дэш Раннер – отличные
кроссовки, надо брать. Доллар поднялся на
восемьдесят рублей. Завтра дождь. Штукатурные
станции от пяти тысяч; не, уже ведь определился,
что нет смысла брать.

(Звучит радио Культура, передача "Канцэртная

Кавасаки Ниндзя Триста – классный мотоцикл, супер, двести сорок девять тысяч российских рублей, это где-то восемь тысяч. Тут бай, новости: США назвали условия отказа удара по Сирии. Ремонт суппортов Минск. Ютьюб, поиск - суицид повесился: детский суицид, повесился в школе, повесился на батарее, электрик повесился, строитель пытается убить себя. Смотрит видео, строитель пытается убить себя: строитель, пьяный, стоит на краю моста, накинул на шею петлю из бельевой веревки, грозится спрыгнуть, строительная компания не выплатила зарплату, жена оскорбила, решил повеситься… спасли.

(Звучит радио Культура, передача "Канцэртная зала", прямая трансляция, концерт; аудиофайл №43.)

Сегодня устал, ложится спать раньше. Ставит таймер отключения на музыкальном центре. Играет радио, думает.
Стройка. Димон, Серега, алкаши. Стройка Смолевичи. Анекдот про кирпичи. Суппорта. Жена инженера. Мясорубка Бош. Кроссовки. Мама Руслана. Крама №21, Шипяны-АСК. Муха в салоне. Сникерс. Сайты с современным искусством. Нежная По-оршански. Штукатурная станция. Техника безопасности. Доллар вырос. Строитель повесился. Пьяный у сорок шестого

дома. Что с Серегой-Димоном. Нормальный человек. Нормально жить. Все бросить. Завтра на работу.

Засыпает. Радио еще звучит некоторое время.

(Звучит радио Культура, песня Анна Герман – "Сумерки"; аудиофайл №44.)

Конец

·

RADIO CULTURE

Dedicated to the belief in the dream

Maxim Dosko

Born on May 24, 1987 in Minsk, Belarus. Radio engineer by education. Engaged in creative activity since 2003. Freelance artist. Lives in Minsk.

* There are multimedia files (audio) presented in the text, which are an integral part of it. All files can be played (listened to) on a web page: http://maximdosko.com/radio-culture or downloaded as a zip-archive via link:

http://maximdosko.com/download/dosko-05-text1-radio-culture.zip

The text is presented (read) by the protagonist.

1.

Vladimir Mikhailovich, or more precisely
Volodya – foreman of a construction company
Bud-Build. At thirty-one years old, he's relatively
young for the position. He lives with his parents
and a younger sister. The organization is engaged
in the construction of multi-storey residential
buildings in the satellite towns of Minsk: Zaslavl,
Smolevichi, Fanipol, Dzerzhinsk. Under the state
program they built a lot of property to relieve
the pressure from Minsk; price per square meter
is much cheaper there, people like to buy these
apartments. His responsibilities include: finding
a working team; organizing their work and
monitoring their compliance. That's it, in brief,
but actually Volodya's work is quite stressful, a lot
of responsibility, there are always more problems
to deal with. It's very hard to find good workers,
competent *and* sober, it's not an easy task to
accomplish. Workers are often newcomers,
Belarusians from the periphery, also Ukrainians,
Russians, Tajiks, Uzbeks, so then he needs to find
accommodation for them as well, settle them
down. He's responsible for his workers, safety
is his duty too, if something happens – they will
demand an answer from him, and workers are
often drunk, there's accidents happening all the
time at the construction site. Control, you can't
look over every shoulder, and at the same time
you've got to oversee everything, and then you

need to convince them that they need to alter what's wrong. It's always hard – deficiencies, alterations, bribing for the signature, and then another headache when tenants move in and start to complain and write about a poorly done job. Despite all this, in principle, Volodya is satisfied with his work as a foreman, and lives normally, like everyone else, which he's used to. He's satisfied or had been…

(Sounds of Radio Culture, music intermission «You are on the channel «Culture»; audio file No.1)

That's the only thing in his life that's changed lately. Volodya started listening to the Radio Culture, Belarusian TeleRadioCompany, 102.9 FM range. He's never been particularly dispositioned towards, or interested in culture, especially the arts, he's not from some Bohemian surrounding, he's ordinary, normal. It happened accidently, he was just browsing through the radio channels and stumbled upon it. He listened to it for a little and somehow liked it. Initially, it just calmed his nerves, shielded him from the hustle and bustle. Now it seems like it's the whole world for him. Six months have passed by, as he listens to the radio.

(Sounds of Radio Culture, music intermission; audio file No. 2)

According to his family, friends and associates, Volodya has changed, something has changed in him. Hard to say what, but he's become some *kind* of different …

(Sounds of Radio Culture, music intermission; audio file No. 3)

2.

An ordinary flat in a residential district of Minsk, two bedrooms, newly refurbished. Volodya wakes up at six o'clock in the morning, from the alarm clock of his old Nokia 6230-I. He turns on the radio of his Aiva stereo, a massive space-age design with a huge volume knob in the middle, he has owned for probably ten years or more, and it hasn't been fashionable for quite some time. Previously he tuned in to Radio Rocks, now – Radio Culture. He gets up at six in the morning, but he does not turn the radio on right away, because at six they play the anthem on «Culture» and the anthem depresses him in the morning. At 6:04am, News, which he listens to whilst still in bed.

(Sounds of Radio Culture, «News of channel «Culture», audio file No. 4)

He goes into the kitchen, where his mom is already making sandwiches and brewing tea. He takes the sandwiches, returns to his room. Sandwiches – as usual – a regular loaf, like Ramonak, butter, cheese, bologna, the same stuff. He eats them, whilst listening to the radio.

(Sounds of Radio Culture, programme «Musical Dawn», Alexander Barykin's song – «Autumn has come», audio file No. 5)

At 6:55am he leaves the flat, attempting to avoid his neighbor. The neighbour also always leaves at 6:55am or earlier. Volodya really doesn't want to run into him, take a silent ride in the lift in the morning. He waits until he comes out and the lift doors close, and then he leaves too.

3.
At 7am he's already in the car. Peugeot 406, wagon, 2.1 liter, impractical white colour. He turns on the radio.

(Sounds of Radio Culture, music intermission «We start a new day together with the channel «Culture», audio file No. 6)

It takes about forty minutes to get to Smolevichi. He's listening to the radio in the car. The further away from Minsk he gets, the worse the signal becomes, just noise, but you can still listen to it. He can still hear it in Smolevichi. He actually has a very good radio, long range.

(Sounds Radio Culture, Pesnyary song – «Rushniki»; audio file No. 7)

He's driving. He's listening. He's thinking, easy, everyday thoughts.

(Sounds of Radio Culture, under the heading «Art Calendar»; audio file No. 8)
(Sounds of Radio Culture, under the heading «Speaking Belarusian»; audio file No. 9)
(Sounds of Radio Culture, programme to the rhythm of the day, a report «Exhibition of V.K. Tsvirka's works at Capital Palace of Arts»; audio file No.10)
(Sounds of Radio Culture, programme to the rhythm of the day, a report «State Literature Museum named after Yakub Kolas presents an exhibition «Under Kolas's Sky» at Memorium Museum of Krystienisa Danilaytsisa»; audio file No.11)
(Sounds of Radio Culture, programme to the rhythm of the day, a report «At the 18th International Theatre Festival «White Tower» Organization Committee decided to abandon an institution of jury»; audio file No.12)

Today he needs to talk with a supply engineer, Alexandrovich, about uniforms, three sets, three of his workers are still working in their own clothes, and it's forbidden by Safety Regulation, he's already filed an application a long time ago, and it hasn't got anywhere yet. He's hoping this time that they'll at least get similar ones, because some of them are wearing red, blue, green, khaki, like in a circus, you can laugh, but it's not right, of course when they're dirty they all look alike, but still. In the morning and afternoon he's got to check on Sergey and Dima, two friends, drinking buddies, they're always trying to sneak a shot or two in at work. The day before he confiscated a bottle of vodka from them in the afternoon, before they had time to open it. He needs to fiddle with his car once again, repair it, the calipers have become entrenched and don't completely decompress, calipers – they're part of the braking system, if they don't decompress properly and rub on the brake discs, the wheels can get very hot, red-hot even, and the car will eventually break down, he can't delay it any longer. He can't fix it by himself, needs to go to a garage where he'll need to pay – thirty dollars a piece, and he needs to fix both. Next week, it's his mother's birthday, and he and his sister need to talk to their father about what's better to get her, an electric meat grinder maybe, because she still uses the old manual Soviet one, when she's making cutlets or stuffed cabbage; a grinder can only be purchased at Belwar, although they're cheap, they're very bad, just fucking bad, noisy, makes a horrible noise when it heats up, a narrow hole, nothing big goes in there, poorly-made, and ugly – his friend told him that, because he got one for a wedding present. Maybe it's possible to buy a suburban plot, Mom still wants to own land…but then you have to build a house, then fences, sheds, the foundation has to be laid during the first year under the new law. No, it's better to save that money for a future flat, but don't keep it at home of course – put it in the bank account, in foreign currency of course. It's worth thinking about that flat, but not one in Minsk, probably in Fanipol, that's where they're building, not Smolevichi. Yes, it would be much better in Fanipol. And not a house built by his company, knowing what they're like, not particularly desirable, although they probably couldn't be worse than anyone else's. Right now he needs to check on yesterday's work from the fifth, he made one guy to redo his job after-hours.

(Sounds of Radio Culture, Syabry's song – «Pyashchota»; audio file No. 13)

4.
Volodya arrives at the building site before the workers arrive. Workers begin at 8am, but he's normally already in place at 7:40am. To check, watch, and prepare. Often he's the first at the site. There are three different watchmen there, in shifts, two of them he just greets formally,…but sometimes he talks briefly with the third one, a cheerful grandpa type, a joke teller. The grandpa isn't working today. He says hello, takes the keys for his warehouse, and carries on. He studiously avoids the puddles, it's only the beginning of September, but it's been raining heavily for a week; but by the house he steps into a small one, and splashes water on his jeans. Volodya doesn't get changed at the warehouse, goes as he comes, well, a foreman doesn't have to, he's a manager and doesn't wear formal clothes at work, usually some old stuff he doesn't care too much about ruining or has bought specifically to wear to work.
He goes straight to the fifth floor to see what that guy's done from yesterday. In the morning, while no one's in the building it's a little scary

there, but not so terrifying, he actually enjoys the silence, you go and only hear your own steps on the stairs. This time it was done quite well, or rather completely redone, good except for one thing – he didn't clean up after himself, and the painters will come and start complaining. He goes further upstairs, to the current work front, turns on the electricity contact-breaker, checks what was done yesterday, everything frozen. He opens the warehouse door, rolls out the plastering station. The warehouse is one of the few rooms on the floor with a locked door; before there was no warehouse, so they left their tools unattended, then tools began to be stolen often, you come in in the morning – half of the tools gone, even simple ones: spatulas, rulers, float levels, they were even stealing those ones. But the plaster station is a very expensive thing, cost more than six thousand, and it's not that easy to steal it, it's heavy, massive, but it's now kept in the warehouse too. It's clear – his own workers are stealing, i.e. from other teams, and usually all the small things. Workers arrive exactly at 8am, they still change down there in the doghouse for ten minutes and then come here, Volodya does not tolerate tardiness. Their company leases the plastering station, six and a half million per month, if you bought the station and rented it out to his own company, then you get six million per month for doing nothing – that would be great. Although he has some money in the bank – around seven thousand – but the station would be a headache – you have to watch it like a hawk, they need to use it gently, then the consumables, and also where to store it, and what if there are, suddenly, no building sites, should he keep it in an apartment, or in the hallway, it all doesn't seem worth it …

5.

Workers come. Now Volodya's team has eight plasterers, all Slavs, seven Belarusians, one Russian. Serega and Dimon – two friends, thirty years old each, from Stolbtsy, but used to work in Minsk. They had a fight there at the site, so they were driven out and proceedings were started against them, so they fled; their problem was the drink. Mikhail –…an older man, forty-two years old, he knows his own business, experienced, sober, in general – a good man, has a family, two children, comes from Minsk (the rest live in a dorm nearby here). Vitya – a young guy, twenty-one years old, no education, not even a technical school, straight after school with his older brother he went on the job, brother was later imprisoned – he stole a car while drunk and went for a ride and crashed it, he was from this remote village near Mogilev; totally stupid, but punctual, nothing special. Levyi – a dolt, Levyi's a nickname of course, nobody calls him by his name, Levyi, just Levyi, probably his parents call him that way too, he's a classic 'don't give a fucking damner', as he calls himself, thirty-five years old, but looks twenty-five: accepts life easily and naturally, has nothing in his possession, just living and that's it, he can plaster, can drink a record amount, find good cheap whores; sloppy at work, his favorite expression – 'it's fine.' Kostya – a convict, former Thai boxer, thirty-three years old, a hefty, powerful man, men say he can kill with one strike, the second one's on the lid of the coffin; he's been locked up three times, if he starts drinking he can become scarily unmanageable; he's got a child, but doesn't live with the family. Nikolayevich – an elderly man, a grandpa nearly sixty years old, of the old school of building, he's been around the block; he's drinking constantly, only fruit wine though, and he works perfectly, always has a brown face and a light reek of alcohol, he's the only one who's allowed to reek of alcohol in Volodya's team; he has a family, adult children and already got some grandchildren. Eight workers in total, but today there's only seven present, another one, the Russian, Gena, he's on the sick leave; broke a toe, not at work, he even says he was sober when it happened. He just stumbled down the hills; he's the illegal one in the team, working unofficially; from Bryansk region, they say he's a former drug addict, although there are usually no 'former' ones in that area; since he's an illegal there was some trouble at the polyclinic. Volodya tried to reason with them, ended up having to pay. Serega, Dimon, Mikhail, Vitya, Levyi, Kostya, Nikolaevich and Gena. With his workers Volodya tries to keep himself on an equal footing, in his own way, even though when viewed from the sidelines, it has actually turned out poorly. He greets them cheerfully, trying to make conversation, supplementing the talk with chit-chat about nothing, the weather, for instance. Volodya checks they're all sober, well, they don't blow in a breathalyser, but he's gauging whilst walking nearby, whether they stink of alcohol. Today Serega and Dimon will blow it for sure, they're already under suspicion. Generally, everyone here knows their job, that is what they must do, so they go and work, well, and smoke for a while before that. Everyone smokes except Volodya, but he stands with the rest at that time anyway. Then, in brief, he explains tasks in general, tasks are always the same – today we're doing from here to there and should have time to accomplish it, what everybody has to fix, if there are questions he answers them, any further discussion. Then the work begins.

6.
Volodya goes down to the car, turns on the radio. A tiredness washes over him. He reclines the seat and listens. He's thinking and takes a little nap.

(Sounds of Radio Culture, programme «Travel Through Time», the song «Besame Mucho»; audio file No.14)

Well, shall we buy Mom the meat grinder, I'll look today, if a Bosch can be found for less than a hundred and fifty, then we can take it, or maybe it would be better to go all out and take the food processor…nope, the one with a grinder function will cost around three hundred bucks, expensive; well, I better look online today. Country cottage plot – screw it, stupid fucking idea. Maybe I can afford to get a trendy brand of sneakers, so sick of this Zhdanovichi bullshit which falls apart in a month; yesterday looked at the Cross-Buy just for fun to check the prices, liked Reebok Dash Runner, blue, classic, available in my size, forty-four European, it's our forty-three – hundred and fifteen dollars; and if they're genuine, then the price is good, and if it's a crap, fake…nope, at Cross-Bye they only sell the genuine article. Although sneakers…you're getting on, maybe you should buy shoes for autumn. Shit…how did that fly get into the cabin, shoo, it's autumn already – it's time to sleep for you, shoo, go away.

(Sounds of Radio Culture, programme…«Travel Through Time», Claudia Shulzhenko's song – «Blue Scarf»; audio file No.15.)

Text message – once again from Planet Second Hand, they're forever sending him text messages: new arrivals on the sixth of September! Totally New Inventory! France, Italy, Scotland! A couple of times I've come to this second-hand shop on the Rocky Hill and been foolish enough to fill in a form, now they send me text messages every week, and every week they write that there's Totally New Inventory – a trap, just to lure me in. Some jeans I bought there seemed decent at first, with a Levi's label, from the stock; they were second-hand, but there's this new stock too, not just worn out stuff. At first I thought they were the real thing, now I've doubts about it –

they dye the skin, i.e. knees become a smeary blue after wearing them, T-shirts gets stained too; maybe it is genuine dye, hell knows, never had real ones. I forgot today to check plastering station hoses, should check if they're worn out – and change them, not like the last time, if they burst – you'll have to peel plaster off the walls, splashed all around with a terrible force. And I need to call an electrician, to check the connection, men keep complaining it shocks when they touch the body.

(Sounds of Radio Culture, programme…«Travel Through Time», Edith Piaf's song – «Non, Je ne regrette rien»; audio file No.16.)

7.

Near ten the management appear, for a briefing meeting. Management's complaints are usually well founded, but not always when they relate to Volodya, because he's the responsible one. Volodya gets angry when they berate him, mainly on the timings, they always need work done faster and faster; he gets angry but holds his tongue. What's the point in trying to prove anything…it's all in vain anyway, only spoils the nerves.

After the briefing he's sorting out documents: projects, reports, estimates, requests… There's always enough paperwork for a foreman, even if you have just the one team here. Volodya somehow acquaints himself with the papers and quickly sorts everything out, he already knows where to read, where to check, and where you can just sign without even looking. But it's always good to check, once he nearly got billed for fifty million, this estimated amount for material contained an error which he didn't notice. But Volodya has privileges, well, if there's ever problems – he does have a channel for an appeal; the director's wife is a cousin of his mom, so whilst they, actually, don't talk much, if there's any trouble – then they use these connections. Volodya always tries to photocopy the important documents if he's in the office in Minsk, or if he's on-site then he photographs them on his mobile phone, his Nokia's 6230-I camera has just 1.3 megapixels, but you can do documents, if there's enough light and you keep still while taking pictures.

He takes photographs and if there's any questions about the construction he can say they're not the fault of his team. For instance, here on the fourth floor, masons built the wall in one place, but the slope was nearly ten degrees, and it couldn't align with the plaster even if it wanted. According to TAP a layer of up to five millimeters is the max. But sometimes it's necessary to build up to two centimeters; what kind of walls would people have then, they'd collapse sooner or later. Also on the outer wall of silicate blocks the masons caulked horizontal joints and missed vertical ones; Volodya complained to the engineer, who said the plastering was as it is because no one would alter the job done; and what about the plaster…cold air will go through those gaps,

in winter people will have frost on the walls…
Total mess. Volodya really doesn't like this but
personally he can't do anything about it, so he
does as he's told.

After meeting with the management he goes
upstairs to his men. He delivers the instructions
from above. Then he quickly checks what they've
already done.

8.

At eleven Volodya has his lunch. He sits in
the car. He drinks tea from his thermos, eats
sandwiches. He listens to the radio.

*(Sounds of Radio Culture, programme «Literature
Anthalogy», George Byron – «Don Giovanni» in a
translation by Uladzimir Skarynkin; audio file No.17.)*

This crappy sausage, from Orsha, goes green
once it's been cut, at first it looks beautiful, but
if it sits for a bit – it goes green, probably full
of dyes, they fade, and the native rotten color
remains, it tastes like cotton, and crumbles in the
mouth. Should tell Mom not to buy it any more.
There's a choice now, even in their rundown
neighbourhood supermarket, you can choose.

*(Sounds of Radio Culture, programme «Literature
Anthalogy», George Byron – «Don Giovanni» in a
translation by Uladzimir Skarynkin; audio file No.18.)*

Better to buy Belarusian produce, with Russian
ones it's not clear where it's made, always a

forgery, and Belarusian's cheaper anyway. Recently I saw these salty biscuits, made in Germany, well, crazy, why bring cookies straight from Germany, when we have more than enough of our own, they're so expensive, and who's even buying them? Maybe because of the beautiful packaging or the fact it's European.

(Sounds of Radio Culture, programme «Literature Anthalogy», George Byron – «Don Giovanni» in a translation by Uladzimir Skarynkin; audio file No.19.)

He eats his snack, then sits for a while.

(Sounds of Radio Culture, programme «Literature Anthalogy», George Byron – «Don Giovanni» in a translation by Uladzimir Skarynkin; audio file No.20.)

9.
He walks around the site. He talks with the other foremen, with the watchman, if only it was the grandpa, not someone else. He talks just enough so that no one can say that he's an antisocial sullen type. There's this painter girl who's been giving him the eye, glances, smiles, after a while of this she approached him. Now they sometimes chat. But no good will come out of it, she's a painter, and their team is from the Ukraine, means she's Ukrainian, and not that attractive anyway.
Foreman Zhora told him this one story. Last night he was walking out of a shop, he went there to buy some small things and some beer,

it was already late in the evening, sometime after nine, so he was walking and suddenly he noticed something dark in the grass at the end of house, number 46, he lives in 44, so he took a closer look – there's a man over there. Well, he's probably drunk, as usual… So he kept going. Then he stopped in the distance for a bit. He was standing there, smoking. People kept walking by, it's not a a deserted place. The majority notice that human hill, but keep walking. A guy with a dog, a small one, hairy, yorshs… yorksshs…well this terrier, the dog rushes up, yelps, it's high pitched yapping, you know, and the owner only – stop-stop-stop, pulls it by the leash and walks quickly away in dismay. Well, it's a fucking nightmare, nobody has come or even looked, imagine all those people, if you have a heart attack, so, no one will help and you kick it! So then three cops walk by there, you know those youngsters patrolling the neighborhood, I told them, they brought him to his senses, and dragged him somewhere. Well, look at people these days, nobody gives a fuck!

Volodya doesn't quite like the way Zhora tells the story about such callous people, when he himself didn't approach the guy, just stood and watched, and if the cops hadn't of passed by, he probably would have just gone home too. But Volodya keeps quiet and agrees that people now only think of themselves, and it's wrong…

He recalled an anecdote that the grandfather watchman had told him the day before yesterday, about the building: two bricks fly from the roof

– because the weather is so bad – but it's alright, it's more important to catch a good man! Funny anecdote, Volodya thought it was funny; he told it yesterday to his father – who didn't laugh, he said that anecdote was from his childhood, ancient, a 'bearded' one.

The chief engineer's wife is in the hospital, with a serious condition. Volodya came to him, asked how she was. Not just out of courtesy, but because he really was sorry for the wife and the engineer himself, he's a good guy, best of the bad bunch of the management. The engineer went with his wife to Bali on vacation in the early summer, and that's where she picked up this intestinal infection, at first it was a simple poisoning, but then complications arose and now it's a very serious condition. The doctors really cannot say what it is at this time. The engineer hasn't been himself at all, that's understandable, but nevertheless he goes to work and is doing all that's required of him.

Volodya finds an electrician to check a connection for the station. The electrician seems to be sober at least, which is good, but strange at the same time, because he's usually not.

10.

At 1pm it's dinner time on the construction site. Volodya doesn't eat then though, he'll have it later, because, first of all, it's not been that long since his lunch, and, secondly, while his workers have lunch, he can see what's been done, check it without disturbing anybody.

Vitya has made a hole, more like a dent, but
that should be OK. Levyi's done a poor job as
always, later he'll be slaving like hell to fix it,
Volodya has got so sick and tired of it; yesterday's
wall was hollow sounding, plaster peeling off in
a few places, fucking moron, and crackelure all
around too! Why do it like that, just to have to
redo it? Nikolaevich never differs in his slapdash
approach but at least he gets enough done to pass
inspection. Dimon and Serega did well today,
like aces, diamond work, he should scold them
more often. The hoses of the station are still
good, they're still holding on.
Actually, maybe he has a good team working,
maybe he shouldn't be so hard on them, they
do their jobs, the work's good, doing everything,
in general, normally and quickly, just Levyi, but
he doesn't count does he, because he's just a
black sheep. Maybe he should talk to everybody
and one day they'll get together to go fishing or
rent a country house for a weekend, or go to the
sauna…talk like normal human beings. We're like
a family, we're all together.

11.

Levyi immediately started whining about redoing
yesterday's job and doing today's job of fixing the
wall, but eventually admitted, yesterday's really
looked bad. He tested Serega and Dimon's breath
again after lunch – everything normal. Vitya
asked to leave early today, he needs to travel to
Minsk to get…a tooth looked at.

12.

Before his dinner Volodya takes a short stroll, and walks into town. Smolevichy – a normal town like all the small ones near Minsk, nothing special, but increasingly filling up with construction sites. There's a scandal near the COOP store «Krama No. 21». Two men are frowning, another man scolds them, these two – they're in working clothes labeled Shipyany-ASA, this one – is apparently their boss, maybe even the director of the whole ASA, he looks like a director, or a chairman. He holds a large bottle 0.75l of a very cheap wine in his hand, and chastises them for being alcoholics, abandoning their work, and going all the way to Smolevichy (it's harvest time, so they don't sell alcohol in the village shops), that they don't care at all, they should be ashamed… He bundles them in his Niva and drives off.

Volodya stands there watching, then thinks some, which leads him to the idea that he should, once again, when he comes back, check on Serega and Dimon, maybe they didn't drink at lunch, knowing that he'd check and then got on it when he left.

He goes to the store. Small one. Sticky tapes for flies are hanging all around, it seems they haven't changed them since the summer, they're so covered with stuck flies. He buys a Snickers bar, he'll eat that after dinner.

Normal town. Feels like an old residential district in Minsk, Serebryanka type, there's not that many high-rise buildings yet, but construction is going ahead at full speed. In principle it's possible to live here. There are enough shops, produce and household, a general store, a few cafes there, a restaurant, although it's more like a cafe, just the name, services store, FLC, a cultural institution «Club», two schools, a gymnasium, and a hospital.

13.

About 2pm he has dinner in his car. Mom's prepared a cooler, he never knows in advance what's for dinner until he opens the thermos, he's got this special large thermos with a wide mouth that keeps food warm till dinner. It's even quite exciting – he opens and looks inside to reveal what's there. Mom always puts together a good cooler, she works in the dining room of the Integral, they have a large dining room, produce, semi-cooked products and so on, the cupboards in the house are always stocked. Often, he can't finish it all. He's in no hurry whilst he eats, listening to the radio.

(Sounds Radio Culture, programme «Through the Course of Centuries» Lida; audio file No. 21.)

Mashed potatoes, chicken breast, salad: tomatoes, peppers, onions, sunflower oil, bread. He doesn't like it if bread has caraway seeds, he can't eat it at all, sometimes there's even this bread with raisins, dried apricots and nuts, so he can't understand what it is, cake or bread?, his favorite – Vodar.

(Sounds Radio Culture, programme «Through the Course of Centuries» Lida, Lida Castle; audio file No.22.)

Tea, a litre thermos, half in the morning, half now, the usual type like Princess Noori or Beseda, he's not a connoisseur, chocolate cream cheese, he loves the chocolate especially, it's always best to check the expiration date on cream cheese though, in the dining room it can be stale and the normal toilet at the construction site is on the street, it's not convenient; cinnamon bun or one with poppy seeds.

(Sounds Radio Culture radio, programme «Through the Course of Centuries» Lida Castle, interview with a director Lida Historical-Artistic Museum; audio file No. 23.)

Snickers. He takes little bites, prolonging the pleasure as long as he can, relishing the taste.

(Sounds Radio Culture, programme «Through the Course of Centuries», Lida Castle, a tour around the castle; audio file No. 24.)

After dinner, he lies back and listens.

(Sounds Radio Culture, programme «Through the Course of Centuries» music intermission; audio file No.25.)

14.

He goes to check on Dimon and Serega. Dimon's
actions are suspiciously off-balance, there also
seems to be something wrong with Serega. He
watches them beadily. It seems that they're
drunk. Straight question – did you drink or not?
They deny it: how he could even think that, he
already checked them after dinner, they knew
that everyone was being checked, so they didn't
drink. While standing near them you can smell
the reek of alcohol, they breath – and that's it,
they did drink after all. That's it! You're fired,
your job is finished, get the hell out of here,
and don't come back tomorrow and a day after
tomorrow you'll get your final payment. First,
they're still trying to convince him that they
didn't drink, then start begging, pretending as if
it's this huge tragedy,…they're very upset, that
this won't happen any more, not again. That's
it, you're fired, fired! Enough! They throw down
their tools and leave. Serega yells at Dimon, like
it was all his fault. They come back, still begging.
That's it, you're fired.

You've only got yourselves to blame, they knew
that everyone was under supervision, well, like
children, did they think they would get away with
it…they thought that he'd checked them after
dinner so all the danger had passed?! Volodya
is angry, but this time, he feels sorry for them
for some reason. No! He's spent enough time
making excuses for them, tomorrow they will be
dismissed and he'll make a note in their work
register, otherwise they'll spend their whole lives

not changing their minds. Let them get banged up, whatever they want now…

Volodya has got upset. Though he knows – he's done the right thing, Mikhail supported him too: it's the right decision and they should have been fired a long time ago. Volodya is still upset. But he keeps all this to himself, he gives no sign, of course, he's got to be in control.

15.

He goes up to another level, no one there, turns on the radio in his phone, listens to it on his… headphones.

(Sounds Radio Culture, program for children «Mary Poppins», children about professions; audio file No. 26.)

The hardest thing – leading people. That's what he doesn't like about his job. With people it's always difficult, especially in construction, so unpredictable. At the beginning when he began to work as a foreman, he, in general, couldn't cope with being himself, he was quiet, kind, by nature since childhood, such things weren't easy. But work is work, you have to just deal with it.

(Sounds Radio Culture, program for children «Mary Poppins», about professions; adults about professions; audio file No. 27.)
(Sounds Radio Culture, program for children «Mary Poppins», about professions; children of professions; audio file No. 28.)

Maybe he'll quit…
Yeah, right, quit. And then do what, it's a good
job, salary, position, you don't have to work
hard physically, he's got connections in the
management. Stop fricking whining…

*(Sounds Radio Culture, program for children «Mary
Poppins», a song about achieving goals; audio file No.
29.)*

The phone rings. It's the mother of Ruslan who
was fired earlier. Ruslan is only twenty-five years
old, but he's already a complete alcoholic, he
should be treated, he's constantly drunk, prone
to these big delirium tremens. Mom asks why
Ruslana has been sacked, he's upset because of
it and he's been drinking for two weeks solid
without a break, please take him back, why he
has been fired. Volodya tries to explain to her
that Ruslan cannot work for them, he binges
constantly, he should be being treated, he's a
chronic alcoholic. Mom starts screaming that
he has no right to call her son an alcoholic and
that he's not even an alcoholic, it's just that right
now he's having a difficult time of things; she'll
complain and go to her minister or even to the
president, she has connections. Volodya hangs
up, he can't listen to it any longer. The phone
rings again, same number, he drops the call.
He's become even more upset. These two idiots,
the mother, all together piled on in one moment.
Sick and tired of all of it. That's it, ready to quit…

(Sounds Radio Culture, program for children «Mary Poppins», children's song about the music notes; audio file No. 30.)

He can't sit still. He has climbed onto the roof, walks, looks around it's a beautiful panorama.

(Sounds Radio Culture, program for children «Mary Poppins», children's song about autumn and school; audio file No. 31.)

He calms down a bit. On his own. It's not normal to worry so much. All this is total bullshit, working moments. How many of them has he had already, and how many more will he have. He catches himself thinking that recently he's actually become different. He has kinda hardened to the duties expected of him as foreman, being strict, measured, practical, whenever necessary – hard, and when necessary – pushy. And now here his old spinelessness is pushing back out. Not allowed! All men live like this, it's normal, it's like this for everyone.

(Sounds Radio Culture, saver « You're at the channel «Culture», we are for eternal values»; audio file No. 32.)

And as for this radio here on the top…
He browses through frequencies. He's stumbled upon a New Radio (it's a name – New Radio, format of club, dance, and energetic music). This radio is for normal people, in the rhythm of life.

(Sounds Radio New One, part of a song of Selena Gomez – «Come and get it»; audio file No. 33.)

He listens for a little bit. Then he switches it off.

16.
He comes down to their floor. Workers are already about to leave, it's five soon. They're shoveling dry plaster on the floor, sweeping, there's a terrible dust from it, you can't see anything. 5pm is the end of the working day. Workers are leaving. Volodya says goodbye to everyone, until tomorrow. He's waiting for the dust to settles and clear. Then he goes and checks that everything's been done. He locks the warehouse. He stands, thinking. He selects «New Radio» on the phone, on the speaker.

(Sounds New Radio, a part of the song Fergie, Q-Tip & GoonRock – «A little party never killed nobody»; audio file No. 34)

He listens for just a bit and turns it off. He switches the electricity off, blackout. He leaves.

17.
He's going home, radio. Not a very good day today.

(Sounds Radio Culture, programme «From Literature Mail, a Programme for Those Who's Trying Themselves in Fine Writing»»; audio file No. 35)

He's halfway home. The phone rings. It's Serega, he's calling from a hostel, there's trouble. Dimon has locked himself in his room and he's going to hang himself, he's not opening for anybody; they were upset when they left the site, there's been more drinking, and then Dimon became disillusioned with life and decided to hang himself; Volodya needs to come right now, he may open the door for him, and he might be able to calm him down.

Wow! Super day today. Volodya turns around, and starts going back. He's quite worried: you never know what can happen and this moron will hang himself, and there'll be no more life for him, the death will be on his conscience, he'll be guilty. He steps on the gas.

18.

He arrives quickly. Serega has gathered people around Dimon's room. Guys are standing and smoking, women with fear in their eyes. Dimon opens for nobody, sometimes he's yelling, threatening to hang himself. The police have not been called yet. Volodya knocks, speaks to Dimon. Dimon starts shouting even more, let it be on the conscience of Volodya, that he's already…got the noose round his neck, if they break down the door – he jumps down from his chair. Serega tells Volodya to say that Dimon won't be fired from work, he's safe, and Volodya forgives him for today's problems. Volodya says it, in these circumstances you use any means, he tries to calm him down as much as he can.

About half an hour of persuading Dimon opens the door; there's a rope but he's just sitting at a table, drinking vodka. Dimon asks Volodya for forgiveness for everything, then falls asleep, passed out.

Volodya leaves Serega in charge of watching Dimon, and they decide, naturally, not to call the police. Finally he goes home.

19.

He's driving slowly, he's so stressed, his hands are shaking.

(Sounds Radio Culture, Tchaikovsky's opera based on the novel by Alexander Pushkin «The Queen of Spades», audio file No. 38)

How do deal with this… Fire him? He just promised Dimon he'd forgive and forget. But does that mean anything…it might be beyond his control. To fire or forget. Although…maybe just leave it for a while, in case he decides to hang himself again out of the blue. Yes, better yet to leave them.

(Sounds Radio Culture, Tchaikovsky's opera based on the novel by Alexander Pushkin «The Queen of Spades», audio file No. 39)

What kind of people they are. They do not live normally, calmly, like everybody else …

(Sounds Radio Culture, Tchaikovsky's opera based on the novel by Alexander Pushkin «The Queen of Spades», audio file No.40)

Again, his phone rings. Volodya is frightened what this call will start… No, this time it's his friend calling, offering to meet for a beer. They've been friends since school, from the same district, they sometimes meet, just to talk, drink beer, sometimes on weekends to go to barbecues or go fishing. Volodya says that today he can't. He doesn't want to meet now, today's been too difficult. And in general he doesn't want to meet with him, because they've hurt his feelings. In their group they all have very different personalities, but they still all see each other. One of his friends, an artist or something like that, who's even had exhibitions, all with no proper education, he says, that he's interested in the field of conceptual art, and he's now preparing a project and will show him it, if it goes ahead with the gallery (one with a strange name). So Volodya mentioned once that he'd been listening to the Radio Culture, he likes it, it's interesting and that he thinks art and culture are important, and that he supports his friend's creative endeavours. He thought his friend-artist would understand him, but the latter laughed straight in Volodya's face: Radio Culture – it's

a vestige, moldy stuff, it's for old farts and those
from a hundred years ago who've been lost
behind, and in general this radio is a sham,
normal artists don't listen to this radio – it's
a state order for culture, about nothing, just
to spend the state budget money. He advises
Volodya not to disgrace himself further and not to
tell anyone that he listens to this radio station. So
they all laugh, picking on him. If he really wants
to know about art, if he likes it and is interested
in it, then he should look at the internet sites, and
he gives him some links.
Volodya, of course, pretended to agree with him,
but he still listens to the radio. Now he knows
that it's not all that modern, but he's going to
listen to it anyway, he likes it. The sites that his
friend told him about, he doesn't check.

20.

He gets home at 8pm today. Mom worries that
he's so late today and lately he's been staying at
work later and later, and cared only about his
work. Dad's watching TV, if there's football, then
he watches football, if there's no football – some
series about cops on NTV or just everything.
Mom warms up dinner, Volodya eats. He tells
Mom what's happened today. She sighs, gasps,
telling him that those drunkards will give him
a nervous breakdown… There's a TV in the
kitchen, Volodya cannot eat without the TV,
normally he watches the Discovery Channel.
Bear Grylls in Siberia, freezing cold, about thirty
below, and he swims across the river naked,

totally nuts. Volodya sees his sister rarely, in the mornings she's still asleep, in the evenings she's out.

He eats. He goes to his room. He turns the radio on. Then he browses the Internet.

(Sounds Radio Culture, programme «Concert Hall», a live concert, audio file No.41)

Here we go, a normal grinder, Bosch MPE 1501 for eighty dollars, thousand watts, powerful, this one will probably be good. Reebok Dash Runner – great shoes, should buy. The dollar is up to eighty rubles. Tomorrow looks like rain. Plaster stations cost from five thousand and up; nope, in any case he's already decided that there's no point of buying it.

(Sounds Radio Culture, programme «Concert Hall», a live concert, audio file No.42)

Kawasaki Ninja Three – it's a cool bike, super, 249,000 Russian rubles, which is about eight thousand dollars. Tut.By. The news: U.S. announce they will not strike Syria. Repair of calipers in Minsk. YouTube search - suicide hanged: child suicide, hung himself in school, hung on the battery, electrician hung himself, a builder attempts to kill himself. Watching a video, the builder is trying to kill himself, drunk, standing on the edge of a bridge, a noose from a clothesrope around his neck, threatening to jump, a construction company has not paid a salary, his wife insulted him, decided to hang himself…he's been rescued.

(Sounds Radio Culture, programme «Concert Hall», a live concert, audio file No.43)

He's tired today, goes to bed earlier than usual. Puts on a timer on the stereo. The radio plays and he thinks.
Construction site. Dimon, Serega, drunkards. Construction Smolevichy. Anecdotes about bricks. Calipers. Engineer's wife. Bosch grinder. Sneakers. Ruslan's mother. Shop «Krama No.21». Shipyany-ASA. The fly in the cabin. Snickers. Websites on contemporary art. Delicate a-la Orsha. Plaster station. Safety policy. The dollar rising. Construction worker hanging himself. The drunk by No.46. All that with Serega and Dimon. A normal person. Living a normal life. Quit everything. Work tomorrow.
He falls asleep. The radio plays on for a little while.

(Sounds Radio Culture, the song by Anna Herman – «Twilight», audio file No. 44)

THE END

MEDVED

Олег Михайлов

Родился в 1975 году в Свердловске, Россия. Окончил Екатеринбургский Государственный Театральный Институт, специальность: актер драматического театра и кино. 15 лет работал на радиостанциях Екатеринбурга и Санкт-Петербурга. С 2009 года живет в Харькове (Украина). Драматург, сценарист.

Действующие лица

Чайковский — композитор.

Крутикова — певица.

Корсов — солист Большого театра, баритон.

Алеша — камердинер Чайковского.

/В пьесе использованы фрагменты водевиля А. Чехова «Медведь», комедии Н. Гоголя «Женитьба», стихотворение А. Плещеева/

Москва, ноябрь 1883 года, квартира Петра Ильича Чайковского на Остоженке.
В кабинете возле рояля стоит Крутикова — цветущая женщина средних лет, с ямочками на щеках. Красивым контральто она поёт романс Чайковского «Лишь ты один». Аккомпанирует ей сам композитор.

Крутикова *(поёт).*
Лишь ты один моим страданьям верил,
Один восстал на лживый суд людской
И поддержал мой дух изнемогавший
В те дни, как свет во мне боролся с тьмой.

Лишь ты один простер мне смело руку,
Когда к тебе, отчаянья полна,
Пришла я с сердцем, кровью истекавшим,
Безжалостной толпой оскорблена.

Лишь ты один мне в жизни ни мгновенья
Не отравлял... Один меня щадил,
Один берег от бурь с участьем нежным...
И никогда меня ты не любил!

Нет, никогда, никогда меня ты не любил...

Чайковский вдохновенно играет коду, Крутикова молитвенно вскидывает руки.

Крутикова. Божественно, Петр Ильич! Просто божественно! Поверить не могу, что сам великий Чайковский посвятил мне романс! Даже голова кружится!

Чайковский. Вам нравится? Вам правда нравится?!

Крутикова. Чудо! Кажется, ничего лучше в жизни не певала!

Закончив играть, Чайковский вскакивает, целует Крутиковой руки.

Чайковский. Александра Павловна, мамочка моя! Вы лучшее контральто Москвы. Да что Москвы — всей России!

Крутикова. Право же, Петр Ильич, вы мне льстите!

Чайковский. Ничуть, госпожа Крутикова! Писать для вас — наслаждение! Именины сердца! Не то что для некоторых… московских субъектов!

В этот момент из прихожей доносится длинный и настойчивый звонок.

Чайковский. Да боже ж ты мой! Чтоб вас черти!.. *(Крутиковой.)* О, пардон!

Чайковский идет к дверям кабинета.

Чайковский *(в приоткрытую дверь)*. Алеша, мамочка моя, кто там? Меня нет дома! Ни для кого! *(закрыв дверь, возвращается к Крутиковой.)* Публика здешняя просто невыносима. Стоит приехать в Москву — ежедневно таскаются с визитами. И добро бы по делу, а то… Работать мешают!

Крутикова. Вы должны простить москвичей. Мы так редко вас видим!

Чайковский. Но это же не повод, чтобы…

Из прихожей доносятся голоса: один (баритон) раздраженно выговаривает другому, а тот (тенор) что-то отвечает. Впрочем, ввиду удаленности прихожей от кабинета слов не разобрать, а слышно только бу-бу-бу да бу-бу-бу.

Чайковский *(прислушиваясь.)* Ах, мамочка моя! *(мечется по кабинету.)* Это он!

Крутикова. Кто?

Чайковский. Он!

Крутикова. Да кто?

Чайковский. Мазепа!

Крутикова. Кто-о-о?

Чайковский. Ах, мамочка моя, да гетман же! Гетман Мазепа! Неужели не слышали?

Крутикова. Тот самый? Как у Пушкина?

Чайковский. Собственной персоной!

Крутикова. Вы шутите? Вы разыгрываете меня, да?

Чайковский. Ничуть! Каждый день ко мне является, проклятый!

Крутикова. Не может быть.

Чайковский. Сам в ужасе!

Крутикова. А к доктору обращаться не пробовали?

Чайковский. Зачем?

Пауза.

Чайковский. Вы что же?.. Вы думаете?..
Крутикова. Боже упаси! Нет! Как можно! Конечно, нет!
Чайковский. А мне показалось, что…
Крутикова. Нет-нет! Вам показалось! Ничего я думаю!

Пауза.

Чайковский. Да?
Крутикова. Да!
Чайковский. Уверены?
Крутикова. Ну… Почти!
Чайковский. То есть все-таки сомневаетесь во мне?
Крутикова. Разве что чуть-чуть! Самую капельку. Капелюшечку.

Пауза.

Чайковский. Александра Павловна, мамочка моя, я не сошел с ума!
Крутикова. Я этого и не говорила.
Чайковский. Но это и правда Мазепа!
Крутикова. Вот и хорошо!
Чайковский. Да я клянусь вам!
Крутикова. Вот и славно!
Чайковский. Вы мне не верите?
Крутикова. Верю, Петр Ильич! Верю! Только…
Чайковский. Что?
Крутикова. Мазепа умер. В осьмнадцатом веке. Разве нет?
Чайковский. Да живехонек! Вы только

послушайте, как кричит! И мучает, мучает меня ежедневно! *(идет к дверям.)* Ну, ничего, сейчас Алеша, мой камердинер, его прогонит.

Чайковский подходит к дверям, прислушивается.

Чайковский *(шепотом.)* Кажется, ушел.
Крутикова *(шепотом).* А чего он хочет?
Чайковский. Кто?
Крутикова. Ну, Мазепа. Чего ему от вас надо?
Чайковский. Так, известное дело, мамочка моя! Арию он хочет.
Крутикова. Ничего не понимаю.
Чайковский. Вот и я тоже! Опера почти готова! А ему выходную арию подавай! Каков наглец!

Пауза.

Крутикова. Я пойду, пожалуй… Что-то нездоровится. Голова, знаете ли, совсем не…
Чайковский. Нет! Александра Павловна, прошу вас, останьтесь! А вдруг он вернется?!
Крутикова. Петр Ильич, вот сейчас я точно с ума сойду… Да кто вернется-то?
Чайковский. Да Корсов!
Крутикова. Кто?
Чайковский. Корсов! Баритон. В Большом театре поет.
Крутикова. Богомир Богомирович?
Чайковский. Он! Вообще-то его настоящая фамилия Геринг, а зовут его Годфрид Годфридович, ну да кто сейчас об этом помнит! Он репетирует моего «Мазепу». Скоро премьера,

так он одолел меня требованиями написать ему выходную арию! Каждый день приходит!

Крутикова. О, господи! Так вы о будущем спектакле?..

Чайковский. А вы что подумали?

Крутикова. Да я чего уж только не подумала!

Чайковский. Так вы с ним знакомы?

Крутикова. О Корсове я премного наслышана. А вот лично — не доводилось.

Чайковский. Счастливица!

Крутикова. Но придется.

Чайковский. Ой, да не дай бог! Сплюньте!

Крутикова. Петр Ильич, у меня назначено прослушивание в Большом театре.

Чайковский. Александра Павловна, мамочка моя! Отчего ж вы раньше-то ко мне не обратились?! Уж где-где, а в Большом-то я вам сделаю протекцию! С превеликим удовольствием!

Крутикова. Ах, Петр Ильич! Как можно! Вы же не видели меня на сцене!

Чайковский. Красавица! Зато я вас слышал! *(внезапно)* Слышите?

Совсем близко, из соседней комнаты слышны голоса:

— А я все-таки войду!
— Нет, сударь, не войдете! Барина нету дома!
— А я его подожду!
— Нет, сударь, не подождете!
— Это еще почему?
— Не дождетесь!

— А вот мы посмотрим!

— И смотреть нечего!

— Много воли тебе барин даёт, как я погляжу!

— А вы на мою волю не глядите!

… и т.д. и т.п.

Чайковский. Ах, боже мой! Опять Корсов! Сюда идет! Прячьтесь! Прячьтесь скорее!

Крутикова. Что?!

Чайковский. Умоляю вас! Он не должен узнать, что я дома!

Крутикова *(упираясь).* Но право же, это как-то странно!

Чайковский. Мамочка моя, не губите! Заклинаю!

Крутикова *(оглядываясь).* Но… куда?..

Чайковский. Вот! За ширму!

Крутикова. Только если ненадолго! *(Прячется за ширмой.)*

Чайковский. Ангел! *(Посылает ей воздушный поцелуй.)* Чистый ангел!

И снова голоса:

— Что здесь? Кабинет?

— Туда нельзя!

— Нельзя?! Для Богомира Корсова не существует такого слова!

— Не пущу!

— Прочь с дороги, каналья!

После недолгих, но лихорадочных метаний по комнате Чайковский замирает на месте и…

перекрестившись, «рыбкой» ныряет под диван.
Двери отворяются, в кабинет врывается Корсов.
Это рослый мужчина, одетый в медвежью шубу.
Сходство с крупным животным усиливают
всклокоченные седые волосы и окладистая
борода.
За Корсовым семенит камердинер Алеша.

Алеша. Сударь, в сотый раз говорю вам, барина нету дома!

Войдя в кабинет Алеша удивленно озирается.

Корсов. Вот заладил, как попугай!
Алеша. Нету его! Нету!
Корсов. Отстань, надоел!
Алеша. А куды же он подевался-то?
Корсов. Что?
Алеша. Барина моего, говорю, нету.
Корсов. Вижу, не слепой! Я подожду, пока он вернется.

Алеша обходит комнату: заглядывает за рояль, проверяет окно.

Алеша. Чудно̱!
Корсов. Что ты там бормочешь?! Лучше помоги раздеться.

Корсов скидывает шубу, остается в гетманском кафтане XVIII века.
Алеша с удивлением смотрит на странный наряд гостя.

Корсов. Шубу прими, раззява! Ишь, рот раскрыл! Я прямо с репетиции, не переодевался. В образ вхожу.

Алеша. А?

Корсов. Когда барин твой вернется, глухая ты тетеря?

Алеша. Да теперь уж и не знаю.

Корсов. Что ты болтаешь, дурак?! Отвечай чётко, по-военному!

Алеша. Не могу знать, ваше… сия…превосх… благоро…

Корсов. И чаю мне принеси! Да пошевеливайся!

Алеша. Так вы разве остаётесь?

Корсов подходит к дивану, ложится на него, от чего из-под дивана доносится стон придавленного Чайковского. Алеша вздрагивает, услышав этот звук.

Корсов. А не похоже, что я остаюсь? Не похоже? Для чего я по-твоему шубу снял? Чтобы ты её в руках подержал, что ли? А? Чего молчишь?

Алеша. Не могу знать!

Корсов. Я затем тебя и спросил, когда твой барин обещал вернуться?

Осененный догадкой, Алеша подходит к дивану, нагибается, видит Чайковского.

Корсов *(Алеше).* Ну? Не слышу ответа!

Чайковский прикладывает палец к губам.

Алеша (*выпрямляясь*). Это, сударь, от вас зависит. Вот как вы уйдете, так барин и вернутся.

Корсов. Идиот какой-то! (*Алеше.*) Ты идиот, да?

Алеша. Не могу знать!

Корсов. Тьфу!

Алеша идет к дверям.

Корсов. Шубу не уноси, здесь где-нибудь положи.

Алеша возвращается, заглядывает за ширму; вскрикивает, увидев там Крутикову.

Корсов. Что ты раскричался? Огня подай!

Крутикова прикладывает палец к губам, протягивает руки. Алеша отдает ей шубу, подходит к Корсову, подкуривает ему папиросу.

Корсов. И не надо чаю! Лучше водки мне принеси.

Алеша. Много вы позволяете себе, сударь…

Корсов. Что?

Чайковский отчаянно жестикулирует из-под дивана.

Алеша. Я… я ничего… я собственно…

Корсов. С кем ты разговариваешь?! Молчать!

Алеша. Навязался, леший, на нашу голову… (*Идет к дверям.*) Принесла нелегкая…

Алеша уходит. Корсов затягивается папиросой.

Корсов. Ах, как я зол! Так зол, что, кажется, весь свет стер бы в порошок... Даже дурно делается... *(Кричит.)* Человек!

Входит Алеша, неся на подносе рюмку водки.

Корсов. Не надо водки. Воды подай.

Алеша хочет уйти, но Корсов жестом останавливает его.

Корсов. А, впрочем, черт с тобой, давай свою водку. *(Выпивает.)*

Пауза.

Корсов. А что, пишет твой барин для меня арию?

Алеша украдкой заглядывает под диван. Чайковский лихорадочно кивает.

Алеша. Пишет.
Корсов. И много уже написал?

Чайковский кивает.

Алеша. Да уж довольно.
Корсов. Что ты говоришь?
Алеша. Говорю: довольны будете.
Корсов. Ты видел, однако ж, у него и другие

арии? Ведь он и для других тоже пишет?

Алеша. Да, арий у него много.

Корсов. Однако ж ведь моя-то, чай, получше, чем у других?

Алеша. Да, ваша будет поприглядистее, чем иные.

Корсов. Что ты говоришь?

Алеша. Говорю: старается барин, ночей не спит.

Корсов. Ну, а не говорит, когда кончит?

Алеша. Нет.

Корсов. Не говорит ничего о том, что, дескать, скоро напишет?

Алеша. Нет, об этом не заговаривал.

Корсов. Хорошо. Теперь ступай.

Алеша идет к двери.

Корсов. А вот любопытно знать, как он, однако ж, их пишет?

Алеша *(оборачиваясь).* Кого?

Корсов. Ну, известно — арии. Вот как?

Алеша. Ну, как-как… Знамо, как…

Корсов. Ну?

Алеша. Как все! Через вдохновение!

Корсов. Пшел вон, дурак!

Алеша уходит.

Корсов. Я останусь и буду сидеть здесь, пока не напишет. Неделю будет писать, и я неделю просижу здесь… Год будет писать — и я год…

Чайковский с тоской и ужасом выглядывает из-

под дивана. Корсов стряхивает пепел папиросы
на пол — прямо на композитора.

Корсов. Я свое возьму, сударь ты мой! Меня не тронешь отговорками да разговорами про вдохновение… Знаем мы эти вдохновения! Ах, как я зол!

В этот момент Крутикова, которая все еще держит в руках шубу Корсова, чихает. Корсов вскакивает с дивана, идет к ширме.

Корсов. Кто здесь?! Это вы, Петр Ильич? Ну что ж это вы, голуба моя, прячетесь от меня, что ли? Нехорошо-с! Выходите-ка оттуда! Полноте ребячиться!

Корсов отодвигает ширму, видит Крутикову.

Корсов. Какой пассаж! Прошу прощения, я не знал, что там дама!
Крутикова *(выходя из-за ширмы).* Вы, сударь, должно быть, удивлены?
Корсов. Не скрою, сударыня, ваше присутствие стало для меня в некотором роде…
э-э-э… неожиданностью. *(Галантно.)* Приятной неожиданностью!
Крутикова. Мне, наверное, стоит объясниться, да?
Корсов. Не смею настаивать, но было бы неплохо. Позвольте сперва отрекомендоваться. Корсов. Богомир Богомирович. *(Кланяется.)* С кем имею удовольствие?

Крутикова. О, фамилия моя вам ничего не скажет.

Корсов. Кем же, однако, вы приходитесь хозяину этого дома?

Крутикова. Я… я…

Корсов. Вы?..

Крутикова. Я его…

Корсов. Ну?..

Крутикова. А я его дочь!

Из-под дивана раздается стон Чайковского.

Корсов. Какие, однако, пружины скрипучие у этого дивана. Так как вы сказали?..

Крутикова. Дочь. Я его дочь. Саша.

Корсов. Сердечно рад, Александра… э-э-э?..

Крутикова. Павл… Пе-е-е…

Корсов. Как?

Крутикова. Петровна.

Корсов. Да, конечно! Дочка Петра Ильича — Петровна! Не угодно ли вам присесть?

Крутикова. Охотно.

Идут к дивану.

Корсов *(тихо).* Может, если приударить за его дочерью, то он арию быстрее напишет?

Крутикова *(тихо).* Надеюсь, мое вранье заставит его уйти.

Садятся на диван.

Корсов. Осмелюсь спросить, а где сейчас ваш

драгоценный папенька?

Крутикова *(оглядываясь).* Вот я бы тоже очень хотела это знать. Как сквозь землю…

Высунувшись из-под дивана Чайковский осторожно дергает Крутикову за край платья.

Крутикова *(вскакивая).* Ай!
Корсов *(вскакивая).* Что? Что такое?!

Крутикова видит Чайковского, загораживает его от Корсова.

Крутикова. Пружина!
Корсов. Укололись?
Крутикова. Испугалась. Вся дрожу.
Корсов. Ничего. Это пройдет. Я могу вам чем-нибудь помочь?
Крутикова. Да. Уходите!
Корсов. Что-о-о?!
Крутикова. Ах, простите, сударь! Я не хотела быть невежливой. Просто…
Корсов. Отчего вы замолчали?
Крутикова. Просто…
Корсов. Ну? Извольте же объясниться!
Крутикова. Я совсем не знаю своего отца!
Корсов. Вот как?!
Крутикова. И он ничего не знает обо мне!
Корсов. Да как такое возможно?!
Крутикова. О, это долгая история!
Корсов. Я никуда не спешу.

Чайковский вздыхает под диваном.

Корсов. Нет, ну какие, однако, пружины… Я еще не сел, а они… Присядем?

Крутикова. Хорошо, извольте, я всё вам расскажу.

Крутикова садится на диван, Корсов устраивается с ней рядом.

Корсов. Я весь одно сплошное ухо, сударыня.

Крутикова. Родом я из Черниговской губернии, из городка Почеп. Вряд ли вам что-нибудь говорит это название…

Корсов. Отчего же! До 1708 года Почеп относился к уряду гетмана Мазепы.

Крутикова. Неужели?

Корсов. Можете мне поверить!

Крутикова. Как это мило! Даже я, коренная почепчанка, не слыхала об этом!

Корсов. Ну, все, что касаемо Мазепы, я изучил досконально. От и до!

Крутикова. Ах, как приятно иметь дело с ученым человеком! Уверена, вы меня поймете! И не осудите!

Корсов. Как можно!

Крутикова. Отца своего я никогда не знала, а недавно скончалась и моя матушка.

Корсов. Бедное дитя, мне очень жаль!

Крутикова. Перед смертью она открыла мне тайну моего рождения.

Корсов. Я весь во внимании! Расскажите мне всё!

Крутикова. Как можно! Это же тайна! Я и так

сказала вам больше, чем следовало!

Пауза.

Корсов. Сударыня, если вы будете молчать, то мы так с вами никуда не уйдем.
Крутикова. Хорошо, слушайте! Я — плод греховной страсти! Моя мать и Петр Ильич... Ах, нет, не могу!.. *(Плачет, приложив платок к глазам.)*
Корсов. Успокойтесь, сударыня!
Крутикова. Ах, не успокаивайте меня! *(Рыдает.)*
Корсов. Вы уверены?

Пауза.

Крутикова. В чем?
Корсов. Ну... В отцовстве Петра Ильича?
Крутикова. Сударь, у меня нет оснований сомневаться в словах матушки, произнесенных на смертном одре!
Корсов. Простите!
Крутикова. А почему вы спрашиваете?
Корсов. Да просто на Москве ходят слухи, что Петр Ильич... того-с...
Крутикова. Что это значит?
Корсов. Ну... вроде как... не слишком расположен к женскому полу.
Крутикова. В каком смысле?
Корсов. Забудьте!
Крутикова. Нет, ну все-таки...
Корсов. Пустое! Всякие глупости болтают.

Крутикова. Какие же?

Корсов. Не будем уточнять!

Крутикова. Ну интересно же!

Чайковский кашляет из-под дивана.

Пауза.

Корсов. Вы, я слышу, простужены?

Крутикова. Да, чуть-чуть. Капелюшечку. В Москве очень холодно.

Корсов. Да, ноябрь нынче морозный. А как с погодой в Почепе?

Крутикова. Теплее. Много теплее.

Пауза.

Крутикова *(поднимаясь с дивана)*. Ну?

Корсов *(поднимаясь следом за ней)*. Да?

Крутикова. Я, наверное, отвлекаю вас от важных дел?

Корсов. Нисколько! Ваше общество — удовольствие для меня!

Крутикова. Я рада. Смею надеяться, вы не обидитесь, если я попрошу вас… *(Делает жест в сторону двери.)*

Корсов. С удовольствием останусь! Я счастлив, что смогу присутствовать при встрече великого композитора с дочерью!

Крутикова. О, господи! Я не…

Корсов. Не стоит благодарности! Напротив, я горд вашим доверием!

Крутикова. Да послушайте…

Корсов. Видите ли, я один из ближайших друзей Петра Ильича. Он поверяет мне все свои тайны.

Крутикова. Неужели? *(Садится на диван.)*

Корсов. Мы очень близки! *(Садится рядом с Крутиковой.)*

Крутикова. Как это мило! Так вы его сердечный друг?!

Корсов. На что вы намекаете?

Крутикова. Я просто уточнила. Друг?

Корсов. Исключительно в рамках приличий!

Крутикова *(вскакивает с дивана).* Как же мне повезло вас встретить!

Корсов *(вскакивает следом за ней).* О, помилуйте…

Крутикова. Могу ли я просить… нет, могу ли я умолять вас об одолжении?!

Корсов. Всё, что в моих силах!

Крутикова *(схватив Корсова за руки).* Дело в том, что… Я ведь почти не знаю отца. Я знакома с ним только со слов моей покойной матушки… А вы, как я понимаю, порядочно изучили его…

Корсов *(пытаясь освободиться от её хватки).* Да-да…

Крутикова. Привычки, склонности…

Корсов. Да-да… Мы с ним… *(Наконец, вырывается.)* Ух!

Крутикова. Ух? Вот даже как?

Корсов. Ну, не до такой степени…

Крутикова. Если бы вы сейчас поехали со мной!..

Корсов. Зачем?

Крутикова. Чтобы рассказать мне об отце! О его натуре! О его гении! А потом, вооруженная этими бесценными знаниями, я бы предстала перед ним!.. Едемте!

Корсов. Но … куда?

Крутикова. Какой же вы непонятливый! Я остановилась в «Славянском базаре».

Корсов. Право же, сударыня, это никак не возможно!

Крутикова. Отчего же?! Вы отказываете мне в помощи?

Корсов. Видите ли… Общество незнакомого мужчины может вас скомпрометировать.

Крутикова. Ах, ну что вы! Кто может заподозрить такого благородного старика?..

Корсов. Секундочку! Обождите, сударыня!

Крутикова. В чем дело?

Корсов. Должен вам признаться, что… я не вполне старик.

Крутикова. «Не вполне»? Это как? Что это значит, «не вполне»? А ваша борода? А… все остальное?

Корсов. А это грим! Это розыгрыш! Мы в Москве очень любим пошутить! Ха-ха!

Крутикова. Нет! Этого не может быть! Я вам не верю!

Корсов. Да вот же — смотрите сами!

Корсов срывает с лица бороду и усы, снимает с головы седой парик.

Внезапно Крутикова падает в обморок. Аккурат на диван.

Корсов. Черт бы меня побрал совсем! *(Кричит.)* Человек! Воды! *(Выбегает из кабинета.)*

Крутикова вскакивает с дивана.

Крутикова. Быстрее, Петр Ильич! Вылезайте!
Чайковский *(выбираясь из-под дивана).*
Мамочка моя, а я совсем было поверил в ваш
обморок! Но как же мы будем из всего этого
выбираться?! Ведь это надо же такое придумать
— дочь! Надо же!.. Да и не может у меня быть
такой взрослой дочери!
Крутикова. Не время, Петр Ильич, мои года
считать. Ах, он возвращается!

*Чайковский привычно ныряет под диван, а
Крутикова вновь падает в обморок.*
*В кабинет возвращается Корсов, держа в руке
стакан воды. Отхлебнув из него, он прыскает
водой на Крутикову. Она стонет, открывает
глаза. Он помогает ей сесть.*

Пауза.

Крутикова. Кто вы?
Корсов. Вы… не узнаёте меня ?
Крутикова. Отчего же, сударь… Я вполне
вас узнала. Вы… негодяй! И еще обманщик!
Извольте немедленно удалиться!
Корсов. Да чем же я заслужил вашу немилость?
Крутикова. Вы пугаете меня!
Корсов. И в мыслях не было, сударыня! За что
мне такое обращение!
Крутикова. Ах, вы не понимаете?
Корсов. Не понимаю! И никуда отсюда не уйду!

Мне обязательно надо встретиться с вашим папенькой! Нынче же!

Пауза.

Крутикова. Зато я всё поняла!
Корсов. Что? Что вы поняли?
Крутикова. Матушка предупреждала меня о вас!
Корсов. Обо мне?
Крутикова. О таких мужчинах!
Корсов. Господи, о чём вы толкуете?! О каких-таких мужчинах?
Крутикова. О тех, кто под прикрытием благородных седин завлекают и губят неопытных девушек!
Корсов. Сударыня, не переходите границ!
Крутикова. Не зря, не зря вы так хорошо изучили Мазепу! Вы!.. Вы сами как Мазепа! Вы даже чем-то на него похожи! Да-да! Старый развратный старик — вот вы кто!

Пауза.

Корсов. Так вот, значит, как вы меня трактуете, сударыня?!
Крутикова. Да, именно так!
Корсов. Нет, какова логика! Настоящая женская, турнюрная логика! Потому-то вот я никогда не любил и не люблю говорить с женщинами. Для меня легче сидеть на бочке с порохом, чем говорить с женщиной!
Крутикова. Милостивый государь, прошу вас не кричать! Здесь не конюшня! Если вы не умеете

держать себя в женском обществе, то лучше будет вам удалиться!

Корсов. Нет-с, я умею держать себя в женском обществе!

Крутикова. Нет, не умеете! Вы невоспитанный, грубый человек!

Корсов. Сударыня, на своем веку я видел женщин гораздо больше, чем вы воробьев! Три раза я стрелялся на дуэли из-за женщин, двенадцать женщин я бросил, девять бросили меня! Теперь меня не проведете! Очи черные, очи страстные, черт возьми, я простужен и на ми-бемоль рвусь… Посмотришь на иное поэтическое созданье: кисея, эфир, полубогиня, миллион восторгов, а заглянешь в душу — обыкновеннейший крокодил! *(Вскакивает, расхаживает по комнате.)* Вы имеете несчастье быть женщиной, стало быть, по себе самой знаете женскую натуру. Скажите же мне по совести: видели вы на своем веку женщину, которая была бы искренна? Не видели! Скорее вы встретите рогатую кошку, чем…

Крутикова *(вскакивает).* Что? Да как вы смеете говорить со мною таким образом?

Корсов. Не кричите, пожалуйста, я вам не лакей!

Крутикова. Не я кричу, а вы кричите! Извольте оставить меня в покое!

Корсов. Я не имею удовольствия быть ни вашим супругом, ни женихом, а потому, пожалуйста, не делайте мне сцен. *(Садится на диван.)* Я этого не люблю.

Крутикова. Вы сели? В присутствии дамы?

Корсов. Сел. И намерен сидеть до прихода

вашего папеньки!

Крутикова. Я не желаю разговаривать с нахалами! Извольте убираться вон!

Пауза.

Крутикова. Вы не уйдете? Нет?
Корсов. Нет.
Крутикова. Нет?!
Корсов. Нет!
Крутикова. Вы мужик! Грубый медведь! Бурбон! Монстр!
Корсов. Как? Что вы сказали?
Крутикова. Я сказала, что вы медведь, бурбон, монстр!
Корсов *(наступая)*. Позвольте, какое же вы имеете право оскорблять меня?
Крутикова. Медведь! Медведь! Медведь!

Пауза.

Корсов неожиданно смеется. Громко, раскатисто, от души.
Крутикова недоуменно за ним наблюдает.

Корсов *(отсмеявшись)*. Это какой-то водевиль, ей-богу!
Крутикова *(ледяным тоном)*. Так вам смешно, сударь?!
Корсов. Да мне плакать хочется, сударыня!
Крутикова. Значит, это, по-вашему, водевиль?
Корсов. Нет! Это не водевиль, это черт знает что!
Крутикова. Извольте не выражаться!

Корсов. Знаете, сударыня, у меня есть приятель... Он всякие смешные штуки в газеты пишет. Чехов его фамилия... Не читали? Так вот он не поверит, если я расскажу ему, что сегодня со мной произошло!

Крутикова. И что же такого с вами произошло?

Корсов. Вы, сударыня! *(Пауза.)* Уфф, и злость прошла... Вы удивительная женщина!

Крутикова. А вы... вы удивительно бестактны!

Чтобы скрыть, насколько ей приятны слова Корсова, Крутикова идет за ширму, выносит оттуда его шубу, демонстративно бросает на пол.

Крутикова. Убирайтесь.... Медведь! *(Отворачивается.)*

Корсов подымает шубу, отряхивает мех.

Корсов. А ведь это действительно медведь. *(Неожиданно громко рычит.)* Р-р-р-р-р!

Крутикова взвизгивает, бьет Корсова по лицу.

Пауза.

Корсов. Ну вот что мне с вами делать? Не на дуэль же вызывать?

Крутикова. А хотя бы и на дуэль. Думаете, я испугаюсь?

Корсов. Да ничего я такого не думаю, даже в мыслях не было.

Крутикова. Вот оно и видно!

Корсов. Что?

Крутикова. Что в голове у вас…

Входит Алеша.

Алеша. Александра Павловна! Из театра прислали сказать, что ваше прослушивание сегодня не состоится. Они-с завтра вас ожидают.

Корсов. Что?!

Алеша. Не вас, сударь, ожидают. *(Показывает на Крутикову.)* Их!

Корсов. Сударыня, извольте объясниться! Вы кто? Вы актриса?

Крутикова. Я буду молчать, как рыба. Вы ведь именно этого хотели?

Корсов. Отвечайте мне! Да? Или нет? Или да? Или что?!

Крутикова мычит, изображая немую.

Корсов. Вы актриса?

КрутиковА. Я певица.

Корсов. Оно и видно! Как, однако, вы все здесь спелись! Но я выведу вас на чистую воду! Я вот что… я в суд подам!

Алеша. Барин, не губи! Заставь вечно бога молить!

Крутикова. Пусть подаёт, если шуток не понимает! Медведь!

Корсов. Так это шутка была? Розыгрыш?

Крутикова. А что, уж и пошутить нельзя? Бурбон вы эдакий!

Пауза.

Корсов *(взрывается).* К барьеру! Я никому не позволю оскорблять себя и не посмотрю на то, что вы женщина, слабое создание!

Крутикова. Стреляться хотите? Извольте! С каким наслаждением я влеплю пулю в ваш медный лоб!

Корсов. Пора наконец отрешиться от предрассудка, что только мужчины обязаны платить за оскорбления! Я не мальчишка, для меня не существует слабых созданий! Стреляться! С пятнадцати шагов!

Крутикова. Охотно! Когда?

Корсов. Немедленно! У меня дома есть дуэльные пистолеты!

Крутикова. Едем к вам! Где вы живете?

Корсов. В меблированных комнатах Бучумова.

Крутикова. Возьмем извозчика!

Корсов. Лихача! Я плачу!

Крутикова. Никогда! В ваших подачках не нуждаюсь!

Корсов. Ах, вот вы какая?!

Крутикова. Какая?!

Корсов. Настоящая женщина! Не кислятина, не размазня, а огонь, порох, ракета! Даже убивать жалко!

Крутикова. Мерзавец! Негодяй! Медведь! Стреляться!

Крутикова выбегает из комнаты, Корсов спешит за ней.

Алеша. Шубу! Шубу забыли! *(Хватает шубу Корсова, убегает.)*

Из-под дивана вылезает Чайковский.

Чайковский. Боже мой, что за день! Что за день! Неужто и правда будут стреляться? *(Идет к окну.)* О! Уже и лихача поймали. Что это? Целуются? Точно — целуются! Вот и пойми после этого женщин! Жаль, я водевилей не пишу — отличный вышел бы сюжет. *(Направляет к роялю.)* Нет, ну каков медведь! Арию тебе, говоришь?! Ну, я тебе сочиню… Я тебе такую арию сочиню… *(Напевает.)* «Смирю я злобу шумом казни»… *(Кашляет.)* Пыльно-то как под диваном… Медведь проклятый… Ну, ничего! Я тебе такую ми-бемоль пропишу — забудешь как дышать!

Чайковский садится за рояль, играет увертюру к опере «Мазепа».
Свет медленно гаснет.

Вместо послесловия: *«Уехал к Крутиковой (не застал) и к Корсову. Посл[едний] забраковал мое ариозо Мазепы, нужд[ается] в любовной мелодии. Весь в хлопотах о свадьбе с А[лександрой] П[авловной]. И поделом.»*
П. И. Чайковский. Записные книжки: 30 ноября 1983 года. (ГДМЧ, а^2 № 7)

Конец.

MEDVED
The Bear

Oleg Mikhailov

Born in 1975 in Sverdlovsk, Russia. He graduated from
Ekaterinburg State Theatre Institute, having specialised in
acting in theatre acting and film. Worked for 15 years at radio
stations in Yekaterinburg and St. Petersburg. Since 2009
he has lived in Kharkov (Ukraine). He is a playwright and
screenwriter.

CHARACTERS:

TCHAIKOVSKY – composer.

KRUTIKOVA – singer.

KORSOV – Bolshoi Theatre soloist, baritone.

ALESHA – Tchaikovsky's valet.

/ The play includes excerpts of a vaudeville by Chekhov *The Bear***, a comedy by N. Gogol** *Marriage***, and a poem by A. Pleshcheyev /**

Moscow, November 1883, PYOTR ILYICH
TCHAIKOVSKY's apartment in Ostozhenka Street.
In the study, near the grand piano stands KRUTIKOVA
– she's a blossoming middle-aged woman with dimples.
She sings with a beautiful contralto Tchaikovsky's
romance 'Only You Alone.' The composer himself
accompanies her.

KRUTIKOVA. *(Singing.)*
Only you alone believed my sufferings,
You alone rose against human judgment
And supported my weary spirit
Those days, as the light in me struggled with the
darkness.

Only you alone stretched out a hand to me so
boldly
When straight to you, full of despair,
I came with bleeding heart,
When I'd been insulted by the ruthless mob.

Only you alone in my entire life not poisoned
Even a single moment... The only one who
spared me,
The only one who sheltered me from storms with
gentle care...
And yet you've never loved me!

No, never, ever you loved me...

TCHAIKOVSKY, inspired, plays the keys, KRUTIKOVA throws up her hands in prayer.

KRUTIKOVA. Divine, Pyotr Ilyich! Simply divine! I cannot believe that the great Tchaikovsky dedicated a romance to me! I feel simply dizzy!
TCHAIKOVSKY. Do you like it? Do you really like it?!
KRUTIKOVA. Splendid! It seems I've never sung better than that!

TCHAIKOVSKY finishes playing, jumps, kisses KRUTIKOVA's hands.

TCHAIKOVSKY. Alexandra Pavlovna, my darling! You're the best contralto in Moscow. No, forget Moscow – all of Russia!
KRUTIKOVA. Really, Pyotr Ilyich, you're flattering me!
TCHAIKOVSKY. Not at all, madam Krutikova! To write for you – it is a pleasure! A feast for the heart! It's not like that for others…Moscow personalities!

At this point an insistant long ring is heard from the hallway.

TCHAIKOVSKY. Oh good gracious! Damn you, devils! …*(To KRUTIKOVA.)* Oh, pardon me!

TCHAIKOVSKY goes to the door of the study.

TCHAIKOVSKY *(Into the semi-opened door.)* Alesha, darling, who's there? I'm not at home! For anyone! *(Closes the door and returns to KRUTIKOVA.)* The audiences round here are simply intolerable. As soon as I come to Moscow – they pay me daily visits. And not even for business, but…to interfere with my work!

KRUTIKOVA. You must forgive us Muscovites. We so rarely see you!

TCHAIKOVSKY. But that's no reason to…

From the hallway we can hear voices: one (baritone) irritably mutters to another, and the other (tenor) says something back. Because of the distance between the study and the hallway words cannot be understood, we can hear just 'bu-bu-bu' and 'bu-bu-bu'.

TCHAIKOVSKY *(Listening closely.)* Oh, my darling! *(Rushes around the study.)* It's him!

KRUTIKOVA. Who?

TCHAIKOVSKY. Him!

KRUTIKOVA. But who?

TCHAIKOVSKY. Mazeppa!

KRUTIKOVA. Who-o-o?

TCHAIKOVSKY. Oh, my darling, Hetman himself! Hetman Mazeppa! Haven't you heard?

KRUTIKOVA. The one? As in Pushkin's?

TCHAIKOVSKY. That's right!

KRUTIKOVA. Are you kidding? You're kidding me, right?

TCHAIKOVSKY. Not at all! He comes to see me every day, damn him!

KRUTIKOVA. That's incredible.

TCHAIKOVSKY. I'm terrified!

KRUTIKOVA. And didn't you try to call a doctor?

TCHAIKOVSKY. Why?

Pause.

TCHAIKOVSKY. You what?… D'you think?…

KRUTIKOVA. God forbid! No! How can I! Of course not!

TCHAIKOVSKY. But it seemed to me that…

KRUTIKOVA. No, no! Not even close! I thought nothing!

Pause.

TCHAIKOVSKY. Really?

KRUTIKOVA. Absolutely!

TCHAIKOVSKY. Are you sure?

KRUTIKOVA. Well…almost!

TCHAIKOVSKY. So you still doubt me?

KRUTIKOVA. Maybe just a little bit! Just a tiny droplet. The tiniest one.

Pause.

TCHAIKOVSKY. Alexandra Pavlovna, my darling, I'm not crazy!

KRUTIKOVA. I didn't say that.

TCHAIKOVSKY. But it's really Mazeppa!

KRUTIKOVA. That's good!

TCHAIKOVSKY. Yes, I swear to you!

KRUTIKOVA. That's nice!

TCHAIKOVSKY. You don't believe me?

KRUTIKOVA. I do believe you, Pyotr Ilyich! I believe! Only…

TCHAIKOVSKY. What?

KRUTIKOVA. Mazeppa died. In the eighteenth century. Isn't that right?

TCHAIKOVSKY. He's alive! You've just listened to him screaming! And he torments me, tortures me every day! *(Goes to the door.)* But, it's alright, Alesha, my valet, turns him out.

TCHAIKOVSKY goes to the door, listening.

TCHAIKOVSKY *(Whispering.)* Seems he's gone.

KRUTIKOVA *(Whispering.)* And what does he want?

TCHAIKOVSKY. Who?

KRUTIKOVA. Well, Mazeppa. What does he need from you?

TCHAIKOVSKY. What all singers expect from me, darling. A big aria.

KRUTIKOVA. I don't understand.

TCHAIKOVSKY. Nor do I. My opera is almost finished! Now he wants a first aria! What a nuisance!

Pause.

KRUTIKOVA. I'll probably go…feeling a touch unwell. My head, you know, something not …

TCHAIKOVSKY. No! Alexandra Pavlovna, I beg of you, stay! What if he comes back?

KRUTIKOVA. Pyotr Ilyich, maybe I'm going mad... But who will return?

TCHAIKOVSKY. Well, Korsov!

KRUTIKOVA. Who?

TCHAIKOVSKY. Korsov! The Baritone. He sings at the Bolshoi.

KRUTIKOVA. Bogomir Bogomirovich?

TCHAIKOVSKY. That's him! Well, actually, his real name is Goering and his full name is Godfried Godfridovich, well but who remembers that now! He's rehearsing my 'Mazeppa'. The premiere is imminent, so he's pestering me to write for him, he needs an opening aria! He visits every day!

KRUTIKOVA. Oh, my God! So you've been talking about the first performance?...

TCHAIKOVSKY. What did you think I was talking about?

KRUTIKOVA. Well, I thought just about anything and everything!

TCHAIKOVSKY. So you know him?

KRUTIKOVA. I've heard so much about Korsov. But I've never met him in person.

TCHAIKOVSKY. Lucky you!

KRUTIKOVA. But you'll have to introduce me.

TCHAIKOVSKY. Oh, God forbid! Touch wood!

KRUTIKOVA. Pyotr Ilyich, I have an audition scheduled at the Bolshoi Theatre.

TCHAIKOVSKY. Alexandra Pavlovna, my darling! Why didn't you tell me about that earlier? Oh, I don't know about anywhere else, but at the Bolshoi I'll take you under my patronage! With great pleasure!

KRUTIKOVA. Oh, Pyotr Ilyich! How can you! You haven't seen me on the stage!

TCHAIKOVSKY. Beauty! Because I've heard you! *(Suddenly.)* D'you hear that?

Very close from the next room voices are heard:

– But I'm still going in!
– No, sir, you shall not! Master's not at home!
– I'll wait for him!
– No, sir, you shall not!
– Why is that?
– It'll take too long!
– We'll see about that!
– Nothing to see at all!
– Your Master allows you too much, I see!
– That's not your business!

... Etc. etc.

TCHAIKOVSKY. Oh, my God! Korsov again!
Here he comes! Hide! Hide quickly!
KRUTIKOVA. What?!
TCHAIKOVSKY. I beg of you! He must not know
that I'm home!
KRUTIKOVA *(Resisting.)* But really, it is very
strange!
TCHAIKOVSKY. My darling, don't let me die! I
implore you!
KRUTIKOVA. *(Looking around.)* But…where?…
TCHAIKOVSKY. Here! Behind the screen!
KRUTIKOVA. If only briefly! *(Hiding behind the
screen.)*
TCHAIKOVSKY. Angel! *(Blows her a kiss.)* Pure
angel!

The voices are heard again:

– What's in here? A study?
– You're not allowed in there!
– Not allowed! For Bogomir Korsov there is no
such word!
– I shall not let you!
– Out of the way, you rascal!

*After a brief but frenzied rush around the room
TCHAIKOVSKY freezes still…and after crossing his
heart, dives under the couch. The doors fly open, and*

KORSOV bursts into the study. He is a tall man dressed in a bear coat. His resemblance to a large animal is amplified by his disheveled grey hair and bushy beard. Valet ALESHA follows KORSOV.

ALESHA. Sir, for the umpteenth time I tell you, the Master is not in!

After entering the room ALESHA looks around in surprise.

KORSOV. Stop your harping, like some parrot!
ALESHA. He's not here! Not here!
KORSOV. Leave me alone, I'm sick of you!
ALESHA. But where did he go, then?
KORSOV. What?
ALESHA. My Master, as I said, is not here.
KORSOV. I see, I'm not blind! I'll wait until he returns.

ALESHA explores the room: looks behind the piano, checks the window.

ALESHA. Wonderful!
KORSOV. What are you babbling about? Help me take this off.

KORSOV takes off his coat, revealing he is dressed in an eighteenth-century Hetman costume.
ALESHA stares at the guest's strange attire in surprise.

KORSOV. Take the coat, moron! Dear me, close your mouth! I've come straight from rehearsals, no time to get changed. I'm in character.

ALESHA. Huh?

KORSOV. When will your Master return, are you deaf? You're a twit.

ALESHA. Well, now I really don't know.

KORSOV. What are you talking about, fool? Answer clearly, like you're in the military!

ALESHA. I don't know your…grace… excellency…noble…

KORSOV. And bring me some tea! Move!

ALESHA. So you're staying, are you?

KORSOV goes to the couch, falls on it, we hear a moan from a crushed TCHAIKOVSKY under the sofa. ALESHA starts, hearing the sound.

KORSOV. Doesn't it look like I'm staying, huh? Doesn't look like it? Why d'you think I took my coat off? For you to hold it in your hands, or what? Huh? Why are you silent?

ALESHA. I don't know!

KORSOV. I've asked you, when has your Master promised to return?

ALESHA, following a hunch, goes to the couch, bends down and sees TCHAIKOVSKY.

KORSOV. *(To ALESHA.)* Well? I don't hear an answer!

TCHAIKOVSKY puts his finger to his lips.

ALESHA *(Straightening up.)* That, sir, depends on you. As soon as you leave, sir, so then Master returns.
KORSOV. Idiot! *(To ALESHA.)* You're an idiot, right?
ALESHA. I don't know!
KORSOV. Ugh!

ALESHA goes to the door.

KORSOV. Don't take the coat away, just put it here somewhere.

ALESHA returns, looks behind the screen, screams; sees KRUTIKOVA hiding there.

KORSOV. What have you started shouting for? Bring me a light!

KRUTIKOVA puts her finger to her lips, extends her arms. ALESHA gives her the coat, returns to KORSOV, lights his cigarette.

KORSOV. You haven't brought my tea! Better bring me vodka.

ALESHA. You presume too much, sir…
KORSOV. What?

TCHAIKOVSKY is gesturing frantically from under the couch.

ALESHA. I…I didn't…I actually…
KORSOV. Who are you talking to? Silence!
ALESHA. The devil is our guest… *(Goes to the door.)* Good gracious help us…

ALESHA leaves. KORSOV inhales the cigarette.

KORSOV. Oh, I'm angry! So angry I could grind the entire world into dust…I feel bad… *(Shouts.)* Man!

ALESHA enters, carrying a glass of vodka on a tray.

KORSOV. Don't want vodka. Bring water.

ALESHA begins to leave, but KORSOV stops him with a gesture.

KORSOV. Well, that's fine, the hell with you, give me the vodka. *(Bottoms up.)*

Pause.

KORSOV. So, does your Master write an aria for me?

ALESHA sneaks a peek under the sofa. TCHAIKOVSKY frantically nods.

ALESHA. He does.
KORSOV. And has he already written a lot?

TCHAIKOVSKY nods.

ALESHA. Yes, pretty much.
KORSOV. What are you talking about?
ALESHA. All I'm saying: you'll be happy.
KORSOV. You've seen other arias too, right? After all, he writes for others too?
ALESHA. Yes, he has written a lot of arias.
KORSOV. But, mine, I presume, is better than the others?
ALESHA. Yes, yours will be prettier than all others.
KORSOV. What are you talking about?
ALESHA. I'm saying: Master is trying his best, he hasn't slept in nights.
KORSOV. Well, hasn't he said when he'll finish it?
ALESHA. Nope.
KORSOV. He hasn't said anything at all, about when it'll be finished?
ALESHA. Nope, he doesn't talk about it.
KORSOV. All right. Now go.

ALESHA goes to the door.

KORSOV. Out of curiousity how long has he been writing them?

ALESHA. *(Turning.)* What?

KORSOV. Well, you know – arias. How does he do it?

ALESHA. Well, how – how…it's known how, like…

KORSOV. Well?

ALESHA. Like everyone else! Through inspiration!

KORSOV. Get out, fool!

ALESHA leaves.

KORSOV. I'll stay and sit here until he finishes. If it takes a week to write, I'll stay here for a week… If it takes a year to write – then I'll stay for a year…

TCHAIKOVSKY in anguish and horror peeps out from under the couch. KORSOV taps cigarette ash on the floor - right on the composer.

KORSOV. I'll get what's mine, my dear sir! I'll not be troubled by excuses and talk about inspiration… We know the inspiration! Oh, I'm so angry!

At this point KRUTIKOVA, still holding KORSOV's coat, sneezes.
KORSOV jumps from the couch, goes to the screen.

KORSOV. Who's here? Is it you, Pyotr Ilyich? Well, my darling dove, are you hiding from me, or what? No good, sir! Come out out from there! Stop being childish!

KORSOV pushes the screen, sees KRUTIKOVA.

KORSOV. What a surprise! I'm sorry, I didn't know that there was a lady present!
KRUTIKOVA. *(Coming from behind the screen.)* You, sir, are surprised?
KORSOV. Frankly, ma'am, your presence has become for me a kind of...uh-uh...surprise. *(Gallantly.)* A pleasant surprise!
KRUTIKOVA. I should probably explain, huh?
KORSOV. I don't dare insist, but it would be nice. Let me first introduce myself. Korsov. Bogomir Bogomirovich. *(Bowing.)* With whom do I have the honour?
KRUTIKOVA. Oh, my name isn't important.
KORSOV. How, however, are you related to the owner of this house?
KRUTIKOVA. I...I...
KORSOV. You?...
KRUTIKOVA. I'm his...
KORSOV. Well?...

KRUTIKOVA. I am his daughter!

We can hear TCHAIKOVSKY's groan from under the couch.

KORSOV. What creaking springs this sofa has. What did you say?…
KRUTIKOVA. Daughter. I'm his daughter. Sasha.
KORSOV. Heartily glad to meet you Alexandra… uh-uh?…
KRUTIKOVA. Pavl… Pe-ee…
KORSOV. What?
KRUTIKOVA. Petrovna.
KORSOV. Yes, of course! Daughter of Peter Ilyich – Petrovna! Would you care to sit down?
KRUTIKOVA. Certainly.

They go to the couch.

KORSOV. *(Quietly.)* Maybe if I date his daughter, he'll write the aria faster?
KRUTIKOVA. *(Quietly.)* I hope my lies make him leave.

They take a seat on the couch.

KORSOV. Dare I ask, where is your precious papa?
KRUTIKOVA. *(Looking around.)* That I too would very much like to know. It's as if he fell through

the earth…

Leaning out from under the sofa TCHAIKOVSKY gently pulls KRUTIKOVA by the hem of her dress.

KRUTIKOVA. *(Jumping.)* Ouch!
KORSOV. *(Jumping.)* What? What is it?

KRUTIKOVA sees TCHAIKOVSKY, blocks him from KORSOV.

KRUTIKOVA. A spring!
KORSOV. It pricked you?
KRUTIKOVA. Oh it scared me. I'm trembling all over.
KORSOV. It's nothing. It will pass. Can I help you with anything?
KRUTIKOVA. Yes. Get out!
KORSOV. What – oh – oh!
KRUTIKOVA. Oh, excuse me, sir! I did not mean to be rude. Just…
KORSOV. Why are you silent then?
KRUTIKOVA. Just...
KORSOV. Well? Please kindly explain!
KRUTIKOVA. I don't know my father at all!
KORSOV. How come?!
KRUTIKOVA. And he doesn't know anything about me!
KORSOV. But how is that possible?
KRUTIKOVA. Oh, it's a long story!

KORSOV. I'm not in a hurry.

TCHAIKOVSKY sighs under the sofa.

KORSOV. Well, those springs, I'm telling you… I haven't even sat down and they…shall we?
KRUTIKOVA. Well, if you please, I'll tell you everything.

KRUTIKOVA sits on the couch, KORSOV arranges himself beside her.

Korsov I'm all ears, ma'am.
KRUTIKOVA. I come from the province of Chernigov, Pochep town. The name will mean nothing to you...
KORSOV. Why! Until 1708 Pochep was part of Hetman Mazeppa's lands.
KRUTIKOVA. Really?
KORSOV. You can trust me on that!
KRUTIKOVA. How lovely! Even I, born in Pochep, never knew that!
KORSOV. Well, all that concerns Mazeppa, I have studied thoroughly. Inside and out!
KRUTIKOVA. Oh, it's nice to deal with an educated man! I am sure you'll understand me! And won't judge!
KORSOV. How can I!
KRUTIKOVA. I've never known my father, and recently my mother passed away too.

KORSOV. Poor child, I'm sorry!

KRUTIKOVA. Before her death, she revealed to me the secret of my birth.

KORSOV. I'm all ears! Tell me everything!

KRUTIKOVA. How can I! It's a secret! I've already told you more than I should!

Pause.

KORSOV. Madam, if you keep quiet, well, then we shan't be going anywhere.

KRUTIKOVA. Okay, listen to me! I – am a sinful creature, the child of passion! My mother and Pyotr Ilyich… Oh, no, I cannot!… *(Crying, dabbing her handkerchief to her eyes.)*

KORSOV. Calm down, ma'am!

KRUTIKOVA. Oh, don't try to patronise me! *(Sobs.)*

KORSOV. Are you sure?

Pause.

KRUTIKOVA. What?

KORSOV. Well…you believe Pyotr Ilyich is your father?

KRUTIKOVA. Sir, I have no reason to doubt the words uttered by my mother on her deathbed!

KORSOV. I'm sorry!

KRUTIKOVA. Why do you ask?

KORSOV. Well, it's just there are rumours in

Moscow that Pyotr Ilyich…he is kind of…

KRUTIKOVA. What does that mean?

KORSOV. Well…sort of…not too well-acquainted with the female sex.

KRUTIKOVA. In what sense?

KORSOV. Forget it!

KRUTIKOVA. No, but still…

KORSOV. It's nothing! All nonsense.

KRUTIKOVA. What kind?

KORSOV. We won't dwell on it!

KRUTIKOVA. Now I'm intrigued!

TCHAIKOVSKY coughs from under the couch.

Pause.

KORSOV. Oh, do I hear a cold?

KRUTIKOVA. Well, a little. Almost nothing. In Moscow, it's very cold.

KORSOV. Yes, November is freezing this year. And what's the weather like in Pochep?

KRUTIKOVA. Warmer. A lot warmer.

Pause.

KRUTIKOVA. *(Getting up from the couch.)* Well?

KORSOV. *(Rising after her.)* Yes?

KRUTIKOVA. I mustn't keep you…

KORSOV. Not at all! Your company is most enjoyable.

KRUTIKOVA. I'm glad. I hope you won't mind if I ask you… *(Makes a gesture toward the door.)*

KORSOV. I'm happy to stay! I shall have the honour to be present at the first meeting of the great composer and his daughter!

KRUTIKOVA. Oh, my God! I do not…

KORSOV. Not at all! On the contrary, I'm honoured by your trust!

KRUTIKOVA. Please listen …

KORSOV. You see, I'm one of Peter Ilyich's closest friends. He confides in me all his secrets.

KRUTIKOVA. Really? *(Sits down on the sofa.)*

KORSOV. We are very close! *(Sits down beside Krutikova.)*

KRUTIKOVA. How nice! So you're one of his special friends?

KORSOV. What are you implying?

KRUTIKOVA. I just clarified. A friend?

KORSOV. Exclusively within the framework of decency!

KRUTIKOVA. *(Jumps up from the couch.)* How lucky I was to meet you!

KORSOV. *(Jumps up after her.)* Oh, for pity's sake…

KRUTIKOVA. Can I ask…no, may I beg a favour of you?

KORSOV. Anything in my power!

KRUTIKOVA. *(Grasping KORSOVA by the hands.)* The fact is that…I didn't know about my father. I knew him only from the words of my late mother… And you, as I understand it, have studied him closely…

KORSOV. *(Trying to get out of her grasp.)* Yes, well…

KRUTIKOVA. His habits, inclinations…

KORSOV. Yes, well… When with him… *(Finally breaks free from her clutches.)* Wow!

KRUTIKOVA. Wow? Even like that?

KORSOV. Well, not so much…

KRUTIKOVA. Come with me now!…

KORSOV. Why?

KRUTIKOVA. To tell me about my father! About his nature! His genius! And then, armed with this invaluable knowledge, I'll appear before him!… Let's go!

KORSOV. But…where?

KRUTIKOVA. What are you, thick? I'm staying at the 'Slavonic Bazaar'.

KORSOV. Really, ma'am, that's simply not possible!

KRUTIKOVA. Why not?! You refuse to help me?

KORSOV. You see…being in the company of an unknown man…your reputation could be compromised.

KRUTIKOVA. Ah, what are you saying! Who would suspect such a noble old man?…

KORSOV. Wait a second! Wait, ma'am!

KRUTIKOVA. What's the matter?

KORSOV. I must confess to you that…I'm not quite that old.

KRUTIKOVA. What d'you mean 'not quite'?

How's that? What does that mean, 'not quite'?
What about your beard? And…everything else?

KORSOV. This is make-up! A big joke! In
Moscow we are very fond of jokes! Ha-ha!

KRUTIKOVA. No! That can't be! I don't believe
you!

KORSOV. Well, here – see for yourself!

*KORSOV tears the beard and moustache off his face,
takes a grey wig from the head.*
KRUTIKOVA suddenly faints, right onto the sofa.

KORSOV. Shiver my timbers! *(Shouts.)* Man!
Water! *(He runs out of the room.)*

KRUTIKOVA jumps up from the couch.

KRUTIKOVA. Quickly, Pyotr Ilyich! Get out from
under there!

TCHAIKOVSKY. *(Getting out from under the couch.)*
My darling, I almost believed you had fainted for
real! But how do we get out of all this? I mean,
how did you come up with this – a daughter!
Wow!… How can I have such a grown-up
daughter!

KRUTIKOVA. It's not the time for that now, Pyotr
Ilyich, to count my years. Oh, he's coming back!

*TCHAIKOVSKY dives back under the sofa, and
KRUTIKOVA faints again.*

KORSOV returns to the study, holding a glass of water. After sipping from it, he sprinkles water on KRUTIKOVA. She groans, opens her eyes. He helps her to sit up.

Pause.

KRUTIKOVA. Who are you?
KORSOV. You…don't recognize me?
KRUTIKOVA. Why no, sir… I've quite recognized you. You're…a bastard! And a liar! Kindly leave at once!
KORSOV. What did I do to deserve your disfavour?
KRUTIKOVA. You're frightening me!
KORSOV. I didn't have the slightest desire to do so, madam! Why d'you treat me like that?!
KRUTIKOVA. Oh, you don't understand?
KORSOV. I certainly don't understand! And I'm not going anywhere from here! I most definitely need to meet with your papa! Today!

Pause.

KRUTIKOVA. I understand it all now!
KORSOV. What? What do you understand?
KRUTIKOVA. My mother warned me about you!
KORSOV. About me?
KRUTIKOVA. Men such as you!
KORSOV. Lord, what are you talking about?!

What kind of men?

KRUTIKOVA. Those who, under the guise
of noble grey hairs, ensnare and destroy
inexperienced girls!

KORSOV. Madam, don't cross the line!

KRUTIKOVA. No wonder, no wonder you've
studied Mazeppa so well! Thank you!… You
yourself are like Mazeppa! You even look like
him, in a way! Yes! A lecherous old man – that's
what you are!

Pause.

KORSOV. So that's how you take me, ma'am?

KRUTIKOVA. Yes, exactly how!

KORSOV. Gosh, what logic! Real female logic!
That's why I've never liked them, I don't even
like to talk to women. It would be preferable
sit on a barrel of gunpowder, than to talk to a
woman!

KRUTIKOVA. Sir, I ask you not to shout! This is
not a stable! If you cannot behave and control
yourself in the company of women, you had
better be off!

KORSOV. No, quite the opposite, I know how to
behave in women's company!

KRUTIKOVA. No, you don't know how! You're a
rude, discourteous man!

KORSOV. Madam, in my lifetime I've seen far
more women than you – common as sparrows!

Three times I've dueled over women, I've broken up with twelve, and nine have broken up with me! Now I don't buy it that easily! Black eyes, passionate eyes, hell, I have this cold and trying to reach E Flat… When you look at a woman, at first glance you see a charming poetic creature: muslin, ether, demi-goddess, a million delights, but if you look closer, into her soul, what do you see? You see a brooding crocodile! *(Jumps up, pacing around the room.)* You had the misfortune to be born a woman, therefore, you know feminine nature. Tell me honestly: have you ever seen a sincere woman in your life? Not yet! You're more likely to encounter a horned cat than...

KRUTIKOVA *(Jumps.)* What? How dare you speak to me that way?

KORSOV. Please don't shout at me, I'm not your lackey!

KRUTIKOVA. I didn't shout, *you* did! Kindly leave me be!

KORSOV. I don't have the pleasure of being either your spouse or fiance, so therefore, please don't make such a scene. *(He sits down on the sofa.)* I don't like it.

KRUTIKOVA. You take a seat? In the presence of a lady?

KORSOV. I did. And I'm going to sit until your papa's arrival!

KRUTIKOVA. I have no desire to talk to such an impudent man! Kindly leave!

Pause.

KRUTIKOVA. You're not leaving? No?
KORSOV. No.
KRUTIKOVA. No?!
KORSOV. No!
KRUTIKOVA. You're a rude man! Rude bear!
Bourbon! Monster!
KORSOV. What? What did you say?
KRUTIKOVA. I said that you were a bear,
Bourbon, monster!
KORSOV. *(Advancing.)* Excuse me, what right do
you have to insult me?
KRUTIKOVA. Bear! Bear! Bear!

Pause.

KORSOV suddenly laughs. Loud, thunderously, heartily.
KRUTIKOVA watches him, puzzled.

KORSOV. *(Stops laughing.)* It's some kind of
vaudeville, good gracious!
KRUTIKOVA. *(Icily)* So it's funny for you, sir?
KORSOV. Why, I want to cry, ma'am!
KRUTIKOVA. So, you think, it's a vaudeville?
KORSOV. No! This is not a vaudeville, it's a
damned hell!
KRUTIKOVA. I kindly ask you not to swear!
KORSOV. You know, ma'am, I have a friend
... He writes all sorts of funny things in the

newspapers. Chekhov's his name… Haven't you read him? He would not believe it if I told him what's happened to me today!

KRUTIKOVA. And what did happen to you today?

KORSOV. You, madam! *(Pause.)* Phew, and the anger is gone…you're an amazing woman!

KRUTIKOVA. And you…you're amazingly tactless!

To hide how KORSOV's words have pleased her, KRUTIKOVA goes behind the screen, brings out his coat, and defiantly throws it to the floor.

KRUTIKOVA. Get out… Bear! *(Turns away.)*

KORSOV picks up his fur coat, shakes the dust from it.

KORSOV. But this really is a bear. *(Suddenly, he roars loudly.)* Roar-rr-rr!

KRUTIKOVA wails, slaps KORSOV on the face.

Pause.

KORSOV. Well, what do I have to do with you now? Call you for a duel, do I?

KRUTIKOVA. Why not? You think I'm scared?

KORSOV. Not even in the back of my mind!

KRUTIKOVA. I can see it clearly!

KORSOV. What?

KRUTIKOVA. What you have in mind…

ALESHA enters.

ALESHA. Alexandra Pavlovna! They've sent a messenger from the theatre to say your audition wouldn't take place today. They'll wait for you tomorrow.

KORSOV. What!

ALESHA. Not you, sir, they're waiting for. *(Points to KRUTIKOVA.)* Her!

KORSOV. Ma'am, explain if you please! Who are you? You're an actress?

KRUTIKOVA. I'll be as quiet as a mouse. You'd like that?

KORSOV. Answer me! Yes? Or no? Or yes? Or what?!

KRUTIKOVA moos, portraying mute.

KORSOV. You're an actress?

KRUTIKOVA. I'm a singer.

KORSOV. Right you are! Looks like there's some conspiracy here! I'll have justice! I'll do…I'll file a case in the court!

ALESHA. Sir, don't please! I pray to God!

KRUTIKOVA. Let him file if he can't take a joke! Bear!

KORSOV. So it was a joke? A trick?

KRUTIKOVA. So what, I can't make a joke? Bourbon, you are!

Pause.

KORSOV *(Explodes.)* Outside! I will allow no one to insult me, whether you're a woman or not, you poor creature!

KRUTIKOVA. Want a duel? Be my guest! With such pleasure I will put a bullet into your thick skull!

KORSOV. It's time to abandon the prejudice that only men are required to pay for their insults! I'm no child, for me there are no weak creatures! Duel! Fifteen steps apart!

KRUTIKOVA. Willingly! When?

KORSOV. Immediately! At home I have dueling pistols!

KRUTIKOVA. Let's go to your place then! Where d'you live?

KORSOV. In Buchumov's furnished rooms.

KRUTIKOVA. We'll take a cab!

KORSOV. Speeder! My treat!

KRUTIKOVA. No way! I don't need your handouts!

KORSOV. Oh, that's what you are?!

KRUTIKOVA. What?!

KORSOV. A real woman! Not sour, not a weakling, but fire, gunpowder, a rocket! It's a pity to kill you!

KRUTIKOVA. Bastard! Scoundrel! Bear! Duel!

KRUTIKOVA runs out from the room, KORSOV hurries after her.

ALESHA. Coat! You forgot the coat! *(Grabs KORSOV's coat, runs after them.)*
Tchaikovsky gets out from under the couch.

TCHAIKOVSKY. My God, what a day! What a day! Can it really be a duel? *(Goes to the window.)* Oh! They've already caught a speeder. What's this? A kiss? Yes – a kiss! Impossible to understand women! Pity I don't write vaudevilles – what a great story this would be. *(Goes to the piano.)* Well, what a bear! An aria, you say? Well, I'll write…I'll compose such an aria for you… *(Sings.)* 'I'd humble malice with thunder'… *(Coughing.)* It's quite dusty under that sofa… Damn Bear… Well, you'll see! I'll write you this in E Flat – you'll forget how to breathe!

TCHAIKOVSKY takes a seat at the piano, plays the overture to the opera 'Mazeppa.'

Light slowly fades.

Instead of an epilogue: *'Left to see Krutikova (didn't catch her at home) and then Korsov. The lat[ter] one rejected my aria of Mazeppa, ne[eded] a*

love song melody. He's completely preocupied with the wedding with A[lexandra] P[avlovna]. He asked for it. And rightly so.'
P.I. Tchaikovsky. Notebooks: November 30, 1883. (GDMCH, a2 No. 7)

The End

ПРЕСТИЖ

ДРАМА

Олег Канин

Родился в 1992 году.

Дебют в области драматургии. Вдохновлен флюидами Сигарева, Шекспира, Достоевского. Студент, учится в Алтайской академии экономики и права в Барнауле, Россия.

ДЕЙСТВУЮЩИЕ ЛИЦА:

КАМИЛЬ ТОЛКАЧЕНКО — 21 год, студент

ПАВЕЛ РОМАНОВ (ДЮК) — 22 года, студент, футбольный хулиган и фанат, лучший друг Камиля

ЛЮБОВЬ ТОЛКАЧЕНКО — мать Камиля

ВИКТОР ГРАДОВ — отчим Камиля

ДАРЬЯ МИТРОШИНА — 22 года, беременная девушка, студентка

АНДРЕЙ И ТАТЬЯНА МИТРОШИНЫ — родители Дарьи

СЕМЕН АВЕРИН — супруг Дарьи, 23 года, наркоман со стажем из высшего общества

ГЛЕБ ДЕМИДОВ — студент медицинского факультета, работает медбратом

МАРИНА И АЛЕКСАНДР ДЕМИДОВЫ — родители Глеба

КОНСТАНТИН ГРОМОВ — товарищ Глеба, так же работает медбратом

Квартира очень состоятельных людей и обладает определенной роскошью.

Градов. Люба, да ты не понимаешь, ты что, не видишь что ли, что ему ничего в этой жизни не нужно?

Любовь. Ну не кричи ты, не кричи. Сколько уже можно, устала выносить ваши постоянные скандалы! Ну почему ты обозлен так, ведь еще же ничего не произошло?

Градов. Как мне не кричать, Люба, ему 21 год, а что он вообще из себя представляет? Разве вот так должны выглядеть престижные молодые люди, за которых выплачиваются огромные деньги в год за то образование, на которое он плевать хотел. Ты не видишь что ли, он говорить-то даже не может на эту тему, слишком уже взрослый стал.

Любовь. Камиль всегда был хорошим мальчиком, ты слишком резок

Градов. Люба, он закончит как его отец, тот тоже был вторым Петром Верховенским и отрицал все общественные устои, хотел все перевернуть. Так и наш отрок, глядите-ка, отвергнут непониманием. Люба, он грубит, дерзок и мнит о себе слишком много.

Любовь. Витенька, ну успокойся, я с ним поговорю, все не так, как ты думаешь. Камиль просто своеобразный, он очень хороший.

Градов. Мать... Я устал, он портит все то, что я

для него сделал, ему просто этого не нужно. Он хотел быть в престижном вузе, я его отправил туда. Он хотел быть в Штатах, пожалуйста, вот вам штаты, он хотел все — я все это ему дал. Люба, ты не подумай, я не требую ничего назад, Люба, я хочу знать, будет ли твой сын что-то представлять из себя?

Любовь. Ну а что ты хочешь? Ты сразу родился умным и мудрым? Ты сразу поднял свой капитал что ли? Ребенок просто еще не пришел к этому, у него было все, что он хотел. Витенька, ну зачем сейчас вся проблематика Отцов и Детей. Я понимаю, это не твой ребенок, ты никогда его не будешь любить так, как я его люблю, я все это понимаю. Когда дети не свои, что бы ты не делал, он не станет твоим. Ну пожалей ты меня хотя бы.

Градов. Люба, все, хватит, если он будет браться за ум — то пусть берется, я ни копейки ему больше не дам. Хочет быть не как все, иноком, пусть с полным кошельком идет на завод и гайки крутит, будет не как все. Он губит себя, он не понимает, что все хотят его спасти, а он просто все сносит, что строилось годами. Если он начал читать Ницше и Достоевского с Шопенгауэром, то это еще не значит, что он может вертеть жизнью так, как захочет. Никто не давал ему полнейшей независимости, и пора бы уже знать, что от него тоже кто-то и что-то зависит. Люба пойми, нельзя вот так сразу взять и сделать так, как ты хочешь только потому, что тебе это разонравилось. А что если завтра ему разонравится еще что-то, что тогда? Ты всегда ему будешь прокладывать эту дорогу, а он будет пользоваться этим, он даже представить не может, каких трудов все это стоит.

Любовь. Витя, все, хватит, ну имей ты совесть.

Градов. Люба, я просто понять хочу, меня что одного это все заботит?

Входит Камиль из соседней комнаты, слышал весь разговор.

Камиль. Да конечно же нет, еще всех твои партнеров, всю твою значимость это заботит

Любовь. Камиль, мальчик мой, ну ты хоть не развивай этого конфликта, меня хоть пожалей, просто уйди пожалуйста от конфликта

Градов. Он всегда уходит, что бы это ни было, только знай, если ты еще раз придешь ко мне за помощью, я тебе руки не подам. Итак, слишком длинный разговор всегда получается, иди вон лучше со своим Дюком разговаривай, вы же братия, все сделаете вместе, вот он тебя и прокормит.

Камиль. Дюк хотя бы остался человеком, не струсил отказаться от всего этого пошлого и не хочет тратить время на это.

Градов. Да вы взрослые, вам виднее.(Со злостью и иронией)

Камиль. Сколько пафоса гражданин Градов.

Градов. Пошел вон!

Камиль берет яблоко со стола и уходит.

Любовь. (Плачет) Господи, да за что же мне это

наказание, ведь было же все так здорово. Камиль такой добрый мальчик, Витенька, да что же это такое?

Градов ушел в другую комнату и молча смотрит оперу.

Любовь. Господи, как я устала от этого, как я устала. Сначала его садишь как дерево, ухаживаешь, выращиваешь — все не нравится, другого предупреждали, что его ждет это, потому что ну не твой это ребенок, нет, тоже не доволен. Живу с 2 мужчинами в доме — как будто 2 капризные девки, одному жизнь в 21 не угодила, разочарован в том, что взрослые уже знали давно и так же давно забыли. Другой имеет все, а семьи иметь не может, сколько это может продолжаться? (кричит Градову) Ну вот и чего ты добился? Чего? Что в очередной раз происходит-то, можешь объяснить мне? Витя, ну не будет он сейчас тебя слушать, ну психология это у человека такая, он в стенках и хочет доказать обратное, ты не понимаешь этого?

Градов. *(Кричит ей из комнаты)* Люба, хватит!

Любовь. Вечно Люба говорит, только когда ей скажут, и этот опять ушел, не ел ничего.

Разговор происходит в парке, на большой лавке, аллея. Камиль ест яблоко, Дюк курит, рядом проходит молодая мама с ребенком.

Молодая мама. *(ребенку)* Кто там? Дядечки? Угости и их конфетами. *(Ребенок протягивает 2 конфеты молодым людям, конфеты называются «Престиж»)*

Дюк. Спасибо молодой юноша. *(Обращаясь к матери)* Какой богатырь растет.

Молодая мама. Спасибо, будьте здоровы молодые люди.*(уходит)*

Камиль. Дюк, я устал, очень устал. Он постоянно давит на мать моими действиями, что я начинаю уже думать своей головой. Дюк, почему никто не говорил мне, что это принесет такой дисбаланс внутрь меня?

Дюк. А отчего ты устал? Получать деньги? Тебе все дают, неужели невозможно потерпеть всего, ради того, чтобы не думать о завтрашнем дне? Многие продадут и душу дьяволу, и последний телевизор ему тоже продадут для того, чтобы не думать за скудным ужином о том, что завтра выплачивать кредит, нужно экономить на колбасе и сладостях, ребенка одеть.

Камиль. Помнишь «Над пропастью во ржи?» Я хочу сейчас вернуться в детство, чтобы главный вопрос у меня был: «а куда деются утки зимой?». Ведь они сейчас на пруду, а потом куда они..?

Дюк. Всегда был мечтателем, почему ты Толкаченко, а не Толкиен?

Камиль. Мать устала очень.

Дюк. Вообще поражаюсь женской силе. Они могут прощать нам все, они так все терпят. Я считаю женщины сильнее чем мы, мы боимся всего. Я поражаюсь, какие они сильные. Их красота миг, сегодня они привлекательные, а завтра они платят за это, за то, что в моде были когда-то. Камиль, она устанет еще больше, она думает и за тебя, и за Градова, и за то, что будет завтра. Она помнит какой была красивой, а сейчас этого ничего нет. *(Молчание несколько секунд)* Есть вон только твои нравы и его деньги, людей-то не осталось.

Камиль. Сам не знаю, чего хочу, мозги уже набекрень. Когда игра?

Дюк. Сегодня вечером, ты все не примешь моего предложения?

Камиль. Вы же животные, футбол вас не интересует, вы делаете только цирк из этого!

Дюк. Много ли ты знаешь? Откуда ты можешь знать о вере в то, чего в принципе никогда не понимал?

Камиль. А что, там какая то глобальная идея? Вообще не понимаю вашей идеологии, вы живете отдельно от клуба, вам важно доказать превосходство над другой группировкой? Какой смысл?

Дюк. Тебе не понять. У тебя есть все и нету ничего. Понимаешь меня?

Камиль. Когда-нибудь тебе проломят голову только за то, что ты другого мнения.

Дюк. Я зато человек, вот ты у нас Мартин Иден, а я Тайлер Дерден, чувствуешь разницу?

Камиль. Градов сказал, не даст больше денег.

Дюк: Они тебе и не нужны, идеи важнее.

Камиль. Да и не нужны мне они толком, я не знаю, куда их тратить в таком количестве. Книг куплю, машина мне даром не упала, ночую я всегда дома, Паш, скажи, может быть, я странный?

Дюк. Градов странный, воспитал тебя, а теперь жалуется.

Камиль. Как же ему не жаловаться? Я не оправдываю его надежд, я не хочу обратно в Штаты, я хочу другого...

Дюк. Драться за идею ты тоже не хочешь, устал, наверное, строить культурную революцию и духовную войну? Все думаешь, что если завоешь с тоски, то никто не услышит? Камиль, у тебя вообще нет проблем!

Камиль. А у тебя что ли есть? Какие? Мм?

Дюк. Сигареты заканчиваются.

Камиль. Они еще никого до добра не доводили, не знаю ни одного человека.

По парку проходит достаточно пьяный десантник, в возрасте, останавливается и смотрит на молодых людей.

Камиль *молча* доедает яблоко, как всегда первый начинает говорить Павел.

Дюк. Папаша, тебе чего? Отец, что ты так смотришь? *(Камилю)* Он неадекватен?

Десантник. На сына моего похож, такой же красивый был.

Камиль. Вы пьяны, вам нужен отдых.

Десантник. Он когда уходил в Чечню, такой счастливый был. Прибежал, говорит: «Батя, теперь я настоящий солдат буду. Я не буду стоять на тумбочке и трезвонить «Никаких происшествий не произошло». Отец, я буду в Чечне, я вернусь — и мы заживем».

Дюк. Отец, сигарету хочешь?

Камиль. *(Тихо Дюку)* Да подожди ты, не видишь ты, он изведен, он просто разломан.

Десантник. Когда груз 200 пришел, я просто сломался. Я не знал, как мне жить дальше. У вас нет детей, откуда ты можешь знать, что такое — что-то потерять. Я рвался в доблестные бойцы, а когда потерял палец, меня колотило от страха так, что я даже думать ни о чем не мог. Вернулся — мать вся седая, вроде все утихомирилось, а когда Влад грузом пришел — я умер второй раз.

Камиль. А первый когда был?

Десантник. Когда страну эту увидел вновь, ту, которая развалена. Где полный развал в каждой сфере. Талдычите постоянно свои идеологии, короли мира, и думаете вам все можно? Да откуда вы можете знать вообще, как жить?

Дюк. *(Потихоньку Камилю)* Вставай, пойдем-ка отсюда быстрее, сейчас он сядет на уши, и мы никогда не закончим. (Уходят дальше по алее разговаривая, десантник молча продолжил путь ворча что-то про себя)

Камиль. Вот и у него Бог умер! Какой тут может быть Господь, когда одного теряешь, потом теряешь свои идеи, а жить как-то дальше нужно.

Дюк. У каждого свой Бог, своя вера. Кто-то

потом становится птицей или камнем, кто-то
живет в другом человеке, а кто-то всю жизнь
считает деньги и воспитывает таких как ты.

Камиль. Сказал человек, у которого футбольные
боги улиц.

Дюк. Вот тяжела наша молодость, один был
в Штатах и говорит о богах, другой жил в
хрущевке и клеил наклейки на холодильник.

Камиль. Кому же на Руси жить хорошо?

Дюк. *(Показывая взглядом на бедную бабушку-*
попрошайку — вся в лохмотьях и с крестом в
руках.) Быть может, ей? Хотя Градов и ее бы
воспитал бы достойно

Камиль скидывает ей мелочи.

Бабушка. Господь с вами. Дай вам Бог здоровья.

Дюк. А он существует что ли?

Бабушка. А как же? Он все видит, и всем
приходится столько, кто сколько заслужил за
свои грехи.

Дюк. Это на иконах что ли? Так это люди
нарисовали, боль существуе — это я знаю, смех
существует, а Бога я не видел.

Бабушка молча смотрит на него, Камиль берет
его под руку и уводит дальше из парка в город.

Камиль. Паша, я устал, что мне делать-то?
Денег он не даст, да и Бог с ним, с матерью
то что делать? Успокоится, когда я перестану
показывать нравы —да я бы с радостью! Но
просто устал и нет сил даже находиться дома.

Дюк. Остался бы в Штатах, зачем вернулся сюда? Тут Горбачев и Ельцин со своей демократией. Друг мой, вот он, престиж. Ты знаешь, что будет завтра, и знаешь, что ты будешь жить хорошо, а хорошо не думать про завтра. Вот он твой престиж, Градов создал его, жаль ты пока головой до этого не дошел.

Камиль. Ну все, становлюсь фанатом и ломаем все, думаю, эта ирония поможет мне.

Дюк. Никогда мы не услышим друг друга, будь это ты или какой-то левый человек. Все друзья до первых расхождений, я не понимаю дружбы на долгие годы. Они что, даже денег у друг друга никогда не занимают, а просто приходят друг к другу на день рождения или катаются вместе по своим областям что ли?

Камиль. Познакомились они вроде давно с мамой. Слушай, ведь вот такие проблемы у меня. Пусть духовные, пусть я с жиру выбешиваю все подряд, пусть я глупец, который не понимает своего счастья, но мне даже позвонить некому в такие проблемы. Тебе я не хочу звонить, опять пойдет другая идеология. Маме тем более, и так всю жизнь за меня все решали. Хочу сам сделать что-нибудь такое, что бы был Я, КАМИЛЬ ТОЛКАЧЕНКО, не мысли Витечки Градова, не Штаты, а я, тот Камиль в стране Горбачевско-Ельциновской демократии. Меня поедает изнутри то невозможное обстоятельство, что я просто никчемен.

Дюк. Никому и не звони. (Молчит)

Камиль. Я мечтаю о том, чтобы просто кто-то совершенно бедный сказал: «Да брось ты все, ну человек ты в конце то концов или нет? Ну можешь ли ты чего хотеть или не хотеть, тебе же так же что то нравится или не нравится. Да всегда от тебя будут требовать такого поведения, какое удобно им самим, или же тебя будут терзать мысли, что это приходит в период гордости и тщеславия потребность в понимании и действиях с другой стороны».

Дюк. А ты думаешь меня не изъедает изнутри это? Я устал от этой страны. Я поэтому футбольный хулиган, только там я свободен от морали и внутреннего угнетения. Там я живу заново, свободен, и я знаю, что каждый пойдет за мной и поддержит меня, не бросит меня в беде, как это сделала страна. Тут каждый платит сам за свое образование, здравоохранение. Моя мать накапливает все с пенсии на что-то лучшее, чтобы просто не умереть на улице. С какой стати я должен платить налоги и содержать всю армию чиновников, когда государство вообще само ни за что не платит. Здоровье, науку и образование хотя бы можно содержать из госбюджета, это и ежу понятно. Юра Гагарин — Мы все потеряли.

Камиль. Не хочется разводить воды, я счастья хочу.

Дюк. Ты будешь счастлив, будешь, но счастья ты никогда не поймешь.

Молодым людям раздают листовку на улице со скидками в торговом центре.

Камиль. Только до 30 числа скидка 70%? Почему здесь фигурирует слово «Только», а что потом, жалко что ли?

Дюк. Вот он бизнес, где каждый сам за себя. Плати мне мои деньги! Горбачев хорошее оправдание дал: «я дал людям все то, чего они сами у меня просили». Неужели они подошли к нему и сказали «дай нам торговый центр вместо страны» что ли? Я не понимаю! Большой вонючий торговый центр. На каждом километре кроме девственной природы, на каждой открытой площадке. Между огромными торговыми центрами стоят мини-центры. Потом мини-маркеты, заправки со всем подряд — и всему этому нет конца. В детском саду отравлены дети, муж убивает жену из ревности, стрип-клубы и магазины для взрослых — и после этого как не воевать за свои идеи?

Камиль. Хочешь переделать страну или хочешь, чтобы тебя услышали?

Дюк. Сталин очень много читал, невероятно много. Его критикуют те, чьи родственники держали склады во время войны. Я считаю, что в то время сидели все кто надо.

Камиль. Это ты к чему?

Дюк. Ну можно же закрутить гайки?

Камиль. Не понимаю тебя.

Дюк. Да порядок навести. Мы с тобой итак никчемны, а кто идет после нас? Есть нам вообще, что терять то в этой жизни? На наших глазах не строятся культурные наследия, а строятся сети продуктовых и кинотеатров.

Камиль. И люди думают, что это просто замечательно. Лучше просто и не бывает. Люди очень любят торговые центры. Покупать и есть.

Дюк. Вот и я счастья хочу.

Камиль. Время есть, а денег нет и в гости не к кому пойти?

Дюк. Ну как же, вот сейчас и пойду. *(смотрит на время)* Действительно пора. Ты будешь счастлив!

Уходят. Камиль возвращается домой, а Павел уходит на стадион, где пребывают все его товарищи и камрады по цеху.

Сцена происходит на том же месте в парке. На тех же скамейках на следующий день, после потасовки футбольных фанатов и убийства Петра Романова. Дарья Митрошина с Семеном сидят на скамейках. Семен очень нервный и дерганный, так как начинается ломка.

Семен. Почему ты меня сюда привела? Что, дома что ли не могли поговорить?

Даша. Сегодня в 4 утра ты пришел домой, руки в крови, ничего не сказал. В ванной сидел 2 часа. Мне нужно купить продуктов. Сема, что происходит?

Семен. Почему ты вечно что-то требуешь от меня?

Даша. Постоянно тебе звонят какие-то люди, вечно тебя нет. Я знаю все.

Семен. Что ты знаешь? Ну что? Бросил я давно.

Даша. Чего ты добился? Об этом ты мечтал?

Семен. Да не ори ты, достала уже.

Даша. Видела я пакетики пустые. Это престижное общество тебя не устраивает?

Семен. Какое престижное общество? О чем ты?

Даша. Ты о ребенке вообще думаешь или нет? О работе? Сема, я одна работаю. У тебя времени нет работать. Ты либо спишь, либо в эйфории идешь извиняться к моим родителям и просишь их не обижаться на то, что ты когда-то и как-либо оскорбил их. Потом тебя нет, и ты приходишь не пойми когда. Нашел каких-то животных, которые орут на стадионах «Зиг Хайль».

Семен. Сегодня я убил человека!

Даша. А завтра ты меня убьешь, да?

Семен. Сегодня была фанатская драка, я не дрался, в куче все произошло. Я не понял, что и как было. Они были слишком агрессивны, и я кинул в одного свою бутылку из-под пива.

Даша. *(Плачет)* Ну почему все так происходит, Господи, ты слышишь?

Семен. Я не смотрел, кто это был, мы просто убежали с Андреем — и все. Полиция приехала быстро. Он просто лежал с пробитой головой и все, ему не повезло.

Даша. Кому не повезло? Что ты говоришь? Сема, Семочка, послушай. Я не хочу ничего знать. Сема, я устала смотреть на тебя ночью, как тебя трясет на утро, я устала видеть все это. Сема, какое убийство? Ты бредишь, да? Тебя сейчас трясет, Сема, я позвоню твоему отцу.

Семен. *(отталкивает ее рукой и кричит на нее)* Да что тебе надо то от меня? Ты не слышишь что ли, я убил его, я, понимаешь ты это? (Дарья судорожно молчит) Не этого я хотел, подставили меня, не надо было сегодня там быть. А помнишь, как мы венчались, все бы отдал, чтобы вернуть тот день сейчас, но не повезло мне, что теперь сделаешь?

Дарья. Все рвался в престижное общество, давно ты на игле?

Семен. Иди домой, слышала меня? Иди домой!

Дарья. Ты не работаешь, ты тратишь мою жизнь. Ты тратишь наши деньги, ты не видишь, я беременна? Тебя нет со мной, ты все продал за этот кусок красивой жизни, ну а где ты теперь? Тебе вон всучили бутылку, ты и кинул, почему сейчас тебя никто не спасает?! Моя мать меня презирает за тебя, а я защищала тебя, ты был настоящий.

Семен. Мне даже не больно почему-то.

Дарья. Я просто сломана, нет ничего. Я не хочу жить так, я хочу, как мы хотели. Когда-то ты понравился мне просто потому, что ты не такой как все был, но ты меня изводил. Ты наглел, а однажды просто похвастался всем, что я якобы уже твоя, а все было иначе. Я боялась тебя, я не хотела ничего с тобой иметь, потому что ты изводил меня, но именно это меня и тянуло одновременно. Когда я вижу, как тебя трясет, как ты изведен и как ты трезвонишь всем дилерам и как последняя тварь изгаляешься вечно кормя меня обещаниями. А сегодня ты еще и убил кого-то, стала Авериной, называется.

Семен. Я ненавижу тебя. Это только ты, слышишь, это ты меня довела. Не было у меня наркоты, но именно ты толкала меня, под эйфорией я не видел твою ужасную мать и тупого отца.

Дарья. Господи, за что?

Семен. Может быть, он тебя спасет, давай.

Дарья. Что теперь будет?

Семен. Ты понимаешь, он уже мертв. У кого-то жизнь сегодня тоже оборвалась, найдут меня не сразу. Я не знаю, как его звали, хороший он был человек или нет, я не могу знать этого.

Дарья. Как я хотела, чтобы ты приходил с работы, а я встречала тебя. Жить в престижном доме, кормить тебя и сына завтраками.

Семен. Ну давай без этого только, а, пожалуйста, Даша, иди домой, я скоро приду.

Дарья. Я хотела, чтобы и в администрации о нас говорили, как о престижной семье, молодой, красивой

Семен. *(сильно содрогаясь* и дергаясь) Будет это, будет, потерпи немного.

Дарья. Все у нас будет, всегда ты так говоришь, всегда ты это обещаешь. Ты все отдал, все продал, ты вывел меня, ты потерял всяческую честь. Просто ты продан.

Семен. Бросишь меня, да?

Дарья. А что, ты кому-то нужен что ли? Где твои друзья из высшего общества? Где они, когда ты не таскаешь им деньги? Где твои друзья-фанаты, когда ты рядом с женой? Где они? Ты никому не нужен, Сема, твоя мама не видела тебя 7 лет.

Семен. Я когда бутылку кинул в него, люди кричали «Дюк, Дюк, пошли!». А когда он упал, я просто рванул оттуда, ты видела, как люди просто умирают? Я струсил, ты уходишь от меня? Я приду сегодня.

Дарья. Откуда ты знаешь, умер он или нет? Что нам сейчас делать?

Семен. Вообще стоило искать то, что мы потеряли, вот сейчас? Родится ребенок, а что дальше? Даша, дальше то что?

Дарья. Почему ты это у меня спрашиваешь? Отцу моему другие вещи говорил.

Семен. Уже идет отсутствие пользы от самого себя, началась пустота. Я не могу проснуться со счастливым чувством, что никуда не нужно идти, не нужно опять выкручиваться и находиться в этой суете. Я не могу проснуться и сделать то, что захочу

Дарья. Ведь было же нормально, было когда-то. Я не хотела страдать в 22 и думать о том, как ты будешь умирать у меня на глазах в свои 23 от наркоты, я не знала, что, оказывается, еще в кого-то можно случайно кинуть бутылку и пробить голову, я не знала этого ничего, как можно сломать все за пару месяцев? Семен, ты обещал другую жизнь.

Семен. Все будет хорошо, нужно только чуть-чуть подождать, я что-нибудь придумаю.

Дарья. Тебя вон трясет, я уже знаю наизусть все телефоны скорых и вытрезвителей. Я никогда не знаю, где ты шатаешься, я знаю только, что будет дальше, реально догадываюсь, тебя не остановить, мы летим вниз, когда все кончится жалеть будет поздно.

Дарья медленно встает и идет молча в сторону дома.

Семен. Что вот, так и уйдешь да? Я приду домой сегодня, да все я исправлю! Все будет как хотела ты и твой отец. *(Кричит в ее сторону)* Завтра я пойду к нему и извинюсь.

Дарья. *(разворачивается и смотрит на него)* Просто домой хотя бы приди. *(Уходит)*

Семен продолжает сидеть на скамейке, его сильно трясет и от ломок он начинает потихоньку терять сознание. Проходящие в панике вызывают скорую, его увозят.

Сцена происходит в семье Митрошиных. Дарья приходит домой к родителям расстроенная и подавленная. Отец ее очень любит, а мать относится с равнодушием, так как никогда не одобряла их брак с Семеном. Она приходит в родной дом за моральной помощью и поддержкой.

Татьяна. Я не ждала тебя, ты стала реже у нас бывать. Что с глазами? Опять довел тебя?

Дарья. *(Молчаливо садится за кухонный стол)* Не дави на меня.

Татьяна: А что же ты жалуешься? Не нравится что ли?

Дарья. Отец, что мне делать?

Татьяна. Андрюш, ну иди успокой дочурку, что тебе делать говоришь?

Андрей. Поесть лучше поставь, ты не видишь, подавлена она!

Дарья. Опять он где-то шатался, сегодня была драка футбольных хулиганов, и он как-то туда приклеился. Я не знаю, что там было. Его всего трясет и он не адекватен. То он говорит, чтобы я уходила и надоела ему, то тут же говорит, что вернется, и все будет как раньше. Отец, не гони меня, мне очень больно, сил моих нет. Я прихожу домой, мать начинает давить, нас уже двое, ты что, не понимаешь этого что ли? Ты не понимаешь, что у меня уже 2 сердца внутри.

Андрей. Дашенька, Дашенька, ну все-все, маленькая, успокойся. Расскажи, что случилось.

Дарья. Отец, да не знаю, была какая-то драка, он случайно там оказался, и по его словам кинул в какого то мальчика бутылкой, после он убежал. Да не это главное, отец, его трясет, его ломает, он умирает уже у меня на глазах. Это все что можно было взять с престижного общества что ли? Он был совсем другой, это не тот Семочка.

Андрей. *(Стоит молча и курит, Татьяна продолжает разговор)* Да как ты вообще могла влюбиться в это? Ты не видишь что ли ничего? Он смазливый и постоянно ошивался с мажорами. Это животные, мы с отцом работали и дали тебе престижное образование и место работы для того, чтобы это мразь наркотой все свела на нет?

Дарья. Тогда он был другой. Он ничего не принимал, он ходил так непримечательно. Он не пытался меня впечатлять, не ждал моего одобрения. Он просто захотел, чтобы я была с ним, и сделал это только потому, что интересовался мной как человеком и как личностью. Тебе что ли бы не понравилось это?

Татьяна. У тебя головы что ли нет? Ты не видела его друзей, а его цели!

Дарья. Да было все там, он вел себя как мужчина. Даже в кино он не спрашивал, хочу ли я пойти, он просто говорил: «Пойдем в кино!» Когда я ему отказывал, он мне ясно давал понять, что ему комфортно с моего НЕТ, он принимал меня за человека, понимал, что я могу как хотеть чего-либо, так и не хотеть, он осознавал, что мне может что-то нравиться или не нравиться. Вот во что я влюбилась. Мне страшно заканчивать все в 22 года.

Андрей. *(стучит кулаком по подоконнику)* Так, хватит. Почему ты давишь на нее? Что случилось? Где он? В кого он что кинул?

Дарья. *(начинает плакать)* Папочка, да не знаю

я, он сказал придет, но его трясло очень. Он вообще сказал, что убил его, ночью пришел, а руки в крови, и в ванне просидел 2 часа.

Андрей. Дальше что было? Да прекрати ты реветь, ты объясни нормально. Я позвоню знакомым в управление, они решат, ты только скажи.

Дарья. Не надо, Богом прошу тебя, не надо. Я не хочу ходить к нему в наркологичку, я не хочу давать какие-либо показания. Мне так страшно

Татьяна. Вы что на улице так и разошлись?

Дарья. Ну он сказал, что придет, я вывела его на улицу, так как мне нужно было за продуктами, а потом он меня довел, и я просто не выдержала. У меня ребенок, а я на нервных срывах, сука, мне всего 22.

Андрей. А ну прекрати сейчас же, у вас есть деньги?

Дарья. Нету ничего, он все унес, он все слил, он унес мои украшения и фотоаппарат.

Татьяна. Будешь жить у нас?

Андрей. Ты чего, мать, ты еще и спрашиваешь ее? У тебя совесть есть вообще?

Татьяна. А что, может быть, она откажется? Это вообще твоя дочь?

Дарья. Я так то и твоя дочь!

Андрей. Жрать поставь на стол и приготовь ей постель.

Татьяна уходит, отец и дочь сидят за столом.

Андрей. Ну все, успокаивайся. Ну был престижный, теперь престижный будет у тебя наш кот. Ну, улыбнись, успокойся принцесса.

Дарья: Отец, какой он красивый был когда-то, а сегодня он просто вернулся с драки каких-то неизвестных людей, где он никого не знает, и просто он не может слезть с этого. Он уже не может ничего! Папа, он груз.

Андрей. Ну мать же тебя предупреждала, ну почему ты хоть иногда к ней не прислушиваешься?

Дарья. Да кто же знал, ну я же могу ошибиться. Я уже даже и не люблю его, я просто хочу остановиться, поставить на паузу мир и подумать.

Андрей. Живи у нас, сколько потребуется. Когда он вернется, я поговорю с ним, я сдам его в хорошую клинику

Дарья. Да какую клинику, он не понимает, что весь его престиж теперь течет по венам. Отец, мне страшно, что смерть просто всегда сидит с нами за столом, ходит у нас по квартире и просто ждет, пока он оденется и выйдет вместе с ней. Когда его дергает, я сама чуть ли не падаю.

Андрей. У тебя будет мальчик?

Дарья. Мальчик. Будет Матвей, хочу Матвея.

Входит Татьяна.

Татьяна. Все готово, иди ложись, завтра куплю

Дарья. Я чувствую, что он не вернется, я чувствую, что он уже не с нами или просто где-нибудь лежит под скамейкой. От стыда не пойдет никуда.

Андрей. Да ну прекрати, будет он завтра тут же. Если своих высокопоставленных друзей не приведет. Я устал еще в годы твоего вуза терпеть всю эту шваль, когда ты ослепленная не видела всю эту мразь. Их дергает постоянно.

Дарья. Папочка, ну хватит ругаться, я пришла не за этим.

Татьяна. Действительно, папочка, хватит ругаться. Поздно уже.

Андрей. Дочь, иди ложись, отдохнешь от этого всего, завтра будет лучше.

Дарья. Да я не хочу, я хочу посидеть с вами, как тогда, в детстве. Я просила у вас и кукол, и красивые карандаши, листочки. Папа, а помнишь ты из Тюмени привозил домой много сладкого и платье мне, помнишь?

Андрей. Да, мама тогда тебе делала такие большие банты и ты носила их.

Татьяна. Тебе тогда мальчик один понравился в школе, все тетрадки исписала.

Андрей. Как вчера было, жизнь так быстро пролетела, моргнул — и уже седой.

Дарья. Да жизнь только начинается, только вот плачу и плачу.

Татьяна. Не будем терять надежды, ее же никто не отменял, удачу тоже.

Андрей. Тань, да ты понимаешь, он все слил вниз и не объявляется, а скоро вон малыш родится, а что дальше то будет? Он его что ли тоже продаст?

Дарья. Все, хватит!

Татьяна. Скоро это кончится, обязательно кончится

Андрей. Все, иди ложись!

Уходит Дарья, супруги очень нервничают.

Татьяна. Что делать будем?

Андрей. Ты что, не понимаешь, что он не вернется?

Татьяна. А как я должна была это понять?

Андрей. Год назад его видел, даже разговаривать с ним не хотел, он уже был похож непонятно на что, сейчас она говорит, что его просто трясло на скамейке, убил кого-то. Боже, как тяжело жить-то стало на Руси.

Татьяна. Это дочь наша, ну прошло всего пару лет, ну как так можно было все изменить?

Андрей. Ну, скажи, мы в 22 были такими? Ну были или нет?

Татьяна. А что, ты о тогда о престиже не мечтал? (Улыбается и смеется)

Андрей. Да я все это поднял, сейчас у них вообще есть все? Они сейчас Ниццу от Ницше не отличат. Я дал ей все, хорошее образование. Да Бог с ним (Сильно психует) Пусть, она у нас маленькая кнопочка, ну вот она нашла его. Тот же вуз, ну родители тоже хорошие, ну куда он такой?

Татьяна. Ты не воспитывался в деньгах, ты сам всего добился

Андрей. Ну есть же дети, которые и книги читают, и пользуются деньгами?

Татьяна. Да откуда мне знать, я сама уже ничего не знаю.

Андрей. Хочу его видеть и все узнать, завтра поеду к ним на квартиру и буду с ним разговаривать. Пусть Даша живет у нас, купи ей все что необходимо. Не ограничивай ее в деньгах, пусть она отойдет немного.

Татьяна. Сразу видно, что твоя дочь, что сына-то не родил?

Андрей. Что тебе не нравится?

Татьяна. Сам же сказал, что он не вернется, она ждет его, но откуда знать, что будет дальше?

Андрей. Завтра посмотрим.

Сцена происходит в доме Демидовых. Прибегает всполошенный Глеб, около лестницы в доме которая ведет на второй этаж лежит труп мамы, а рядом на коленях плачет отец, Глеб стоит в шоке.

Александр. Глеб, Глеб...

Глеб. *(Кидаясь к ней)* Мама, мама *(трогает пульс).*

Александр. Я был на крыше, просил принести инструменты, она упала с лестницы, поскользнулась.

Глеб. *(сильно кричит)* Отец, как так? Отец, как это могло быть?

Александр. Я не знаю, я начал еще ворчать, думал, что-то уронила, просил быстрее подняться. Раз позвал, второй раз позвал, смотрю вниз — она лежит.

Глеб. Ну ты же знаешь, что она болеет, что ей нельзя сильно напрягаться, у нее проблемы с суставами.

Александр. Глебушка, сыночек мой, прости меня (Сильно плачет) Прости меня, дурака такого.

Глеб. (в сильном шоке садится на колени, судорожно начинает ее ощупывать, искать пульс, смотреть зрачки, вызывает скорую) Давно?

Александр. Да как тебе позвонил, так и случилось, она не дышит, Глеб. Ты же врач, ну посмотри ее.

Глеб начинает сильно плакать и молчит. Через некоторое время приезжает скорая, констатирует факт смерти.

Глеб. Кредит возьму сейчас.

Александр. Какой еще кредит, зарплаты твоей на еду еле хватает.

Глеб. Мать хоронить как человека будем, будь

оно все проклято. И машина, и дома ваши, все. *(Сильно начинает кричать и бить кулаками о стену)*

Отец и сын садятся на крыльцо и оба молчат.

Семейство Градовых-Толкаченко, все дома. Звонит телефон, Градов берет трубку.

Градов. Да, але

(Молчание)

Градов:. Я слышу, что кто-то есть на проводе

Голос. Здравствуйте, это мама Павлика

Градов. Какого Павлика?

Голос: Романова...

Градов. Слушаю вас.

Голос. Паша умер вчера, в драке, ему разбили голову какие-то хулиганы (Слышно, что ей тяжело говорить)

Градов. *(Молчание)* Я в тупике.

Голос. Пожалуйста, пожалуйста, увезите Камиля обратно, он очень хороший мальчик. Просто не говорите, что его лучший друг умер, просто увезите его под каким-нибудь предлогом из этой страны. Я не могу на это смотреть, наши дети носят престижный статус, но вам повезло — и Господь с Вами, Ваш не стоял за идею глупости, а начал реализовывать себя, пожалуйста, увезите Вашего мальчика. Я знаю, наши дети быстро растут, я все это знаю, но придумайте предлог какой-нибудь. Понимаю, звучит странно, но знаю, какой он у вас хороший, просто увезите его от этой грязи и развала, пусть он дальше получает свое престижное образование и никогда сюда не возвращается. Паша хвалил его, рассказывал, какой он сильный у вас, инакомыслящий, просто сохраните его таким. Прощайте (телефон обрывается).

Градов. *(Долгое время молча думая)* Люба.

Любовь. Да-да, Витенька, Позови сюда Камиля.

Градов. Я звоню и договариваюсь тебе о нужных документах в Штаты

Камиль. *(игнорируя Градова)* Мам, Паша куда-то пропал, не берет трубку, хотел погулять сходить.

Градов. Сука, ты издеваешься, собирай вещи потихоньку, полетишь дальше получать свое образование в Штаты (Видно, *что Г*радов сильно напуган)

Камиль. А ты вообще кто такой, кто ты вооообще такой? Почему ты решаешь все за меня?

Градов. Камиль, что ты хочешь а?

Камиль. Чтобы ты оставил меня в покое, не нужны мне твои деньги

Градов. Звонила мама Павла.

Камиль: А она здесь причем?

Градов. Просила, чтобы ты уехал в Штаты, беспокоится за тебя.

Камиль. В чем логика-то, я не понимаю, что ты

ерунду всякую несешь.

Любовь. Камиль, успокойся.

Камиль. Никуда я не поеду.

Градов: Он умер вчера.

Камиль: Кто?

Градов: Дюк твой, кто еще. Говорил, что вы, щенки, доиграетесь, никто меня не слушал. Она звонила сейчас и рыдала, просила не говорить ничего, но не могу я промолчать, когда ты такой упертый баран просто, не понимаешь ничего, Боже, как же мне стыдно за тебя. Умер он, голова пробита, бутылкой, на фанатской драке. А хочу тебя отдать в Штаты, избавить тебя от всей этой грязи и дать пожить в цивилизованной престижной стране (садится и хватается за голову с долгим молчанием).

Камиль. (В шоке садится с ним рядом) Как же я устал, ну почему все так, а? Кому нужна его смерть, ну почему все не жилось ему как человеку, что не так-то началось. Мог бы и не орать, сразу бы сказал (Становится тяжело говорить)

Любовь. Мальчики, что там случилось?

Градов. Люба, сделай кофе и уйди на кухню, пожалуйста, Люба. Завтра я говорю о твоих документах, и ты едешь в Штаты. Не хочешь меня слушать, мать хоть послушай. Больше тебе в этой стране делать нечего, в последний раз за тебя решаю, потом спасибо скажешь.

Камиль. *(После долгого слезливого молчания)* Да

хоть на Бали, делай что угодно, в Штаты — так в Штаты.

Второе действие.

Действие происходит в семье Митрошиных.

Андрей. *(Шепотом зовет Татьяну)* Таня, из морга звонили, все, понимаешь?

Татьяна. Как все? Что там?

Андрей. Ну так, нету Семена, отъехал он, что делать-то? Даша спит, я не знаю, как ей сказать.

Татьяна. Поехали отсюда, поехали на море, отдохнем, а когда вернемся, мы что-нибудь придумаем, я не знаю, она же беременная, она сейчас умрет от этого.

Андрей. Ты понимаешь, она его ждет, ждет, когда он вернется и все расскажет ей, ждет когда жизнь наладится, понимаешь?

Татьяна. Я не буду ей говорить, возьми билеты куда-нибудь, поедем к бабке в Сочи.

Даша. *(Просыпается Даша)* Что случилось? Что вы там шушукаетесь?

Андрей. Дашенька, мы с мамой обсуждаем насчет Сочи.

Даша. А что там?

Андрей. Давай скатаемся всей семьей, а? Будет весело!

Даша. Подожди, я не могу, скоро Сема должен прийти, вы и его тоже хотите взять?

Татьяна. Сема звонил, сказал уехал ненадолго и приедет с деньгами, уехал на север работать на месяц, а когда вернется, будет красивый-военный-здоровенный *(скрывает слезы)*.

Даша. А почему ты плачешь-то?

Татьяна: Да от счастья,девочка моя, что вынашиваешь нам малышку красивую. Ну что, поехали, а?

Даша. Ну давайте я ему хоть позвоню, скажу.

Андрей. Да там и позвонишь, расскажешь, как долетели.

Татьяна. Девочка моя, соглашайся, купим тебе красивые балетки и платье, будешь на море загорать.

Даша. Тогда я согласна, а когда поедем?

Татьяна. Андрюшенька, когда мы поедем?

Андрей. Возьму билеты на неделе, Дашенька, иди еще ложись отдыхать.

Андрей и Татьяна уходят на кухню и говорят шепотом.

Татьяна. Я сейчас сама отъеду, я вру моему ребенку о том, что она будет счастлива, через месяц *(начинает плакать).*

Андрей закуривает и молчит.

Глеб с отцом сидят на кухне после похорон. Глеб долго молчит и опустошает стакан за стаканом, отец выдергивает у него бутылку.

Александр.: Ну все, хватит, все-все, отдай!

Глеб.*(уже слегка пьяный)* Отец, отец, ну почему ты не уследил? Отец, она просто упала с лестницы, неужели где ты находишься больше всего времени, можно умереть и там? *(Начинает плакать)*

Александр. Уезжай, Глеб, уезжай, я куплю тебе и машину, но здесь нельзя больше находиться.

Глеб. В смысле уезжай, ты кому дом то строил? Что теперь делать?

Александр. Я не сплю уже 3 день, мне кажется, она с нами в доме, она только что здесь ходила, а уже нет ее, потому что она просто упала.

Глеб: Некуда мне ехать.

Александр. В деревню к бабке езжай, помоги, поехали, а?

Глеб. Дом бросишь что ли?

Александр. Не нужен он мне без нее. Все куда-то не могли успеть, теперь все, когда ее нет, спешить нам некуда, позвони Косте, не хочу, чтобы ты со мной вниз тянулся. Докатились уже, сын с отцом водку хлещут вместе, куда это вообще?!

Глеб. Не буду я ему звонить, он и так своего престижа не понимает, а сейчас мне ему стыдно звонить, потому что все, что он говорил правда, все правда. И про смерть, и про деньги, мне тошно и противно, сейчас мне к тому же и страшно от всего этого.

Все герои пьесы собрались на одном вокзале, каждый по своей надобности.

Любовь Толкаченко. Камиль, ты точно все собрал, ты все хорошо проверил?

Камиль. Да. Мама, все в норме, пойду только спрошу покурить, а то мои закончились.

Любовь. Ты что, куришь что ли?

Камиль не отвечая на ее вопрос пошел прямо до Глеба, который сидел через 3 скамейки с отцом, но мимо проходя он увидел и Дарью с родителями, подошел изначально к ней. Нашел в кармане конфету и протягивает ей.

Камиль. Угощайтесь барышня, пусть там маленький богатырь улыбнется.

Дарья. Спасибо, хм, конфеты «Престиж» Не слышала о таких.

Камиль. Да не за что, будьте здоровы.

Проходит прямо к Глебу.

Камиль. Молодой человек, вы случайно не курите?

Глеб. Курю, извини, не такие престижные, конечно, на «Парламент» нету денег.

Камиль. Спроси вон у той девушки про престиж (показывает на Дарью), она его лучше всех сейчас чувствует.

Камиль проходит на пирон за сигаретами, на скамейке сидит бродяга с собакой.

Бродяга. Эх, ушастый, не холодно тебе, а? Ну вот смотришь ты на меня, а что я могу поделать? Молодой человек, мелочью не угостите?*(Камиль кидает несколько рублей и так же молча уходит)* Вот, смотри какой, сразу видно, состоятельный! Видишь, какой пяточек чистенький, а у меня даже и нет таких. Да ты ешь, вон косточки грызи лучше, я бы дал тебе колбасы, да такой престижной пищи не имеем. Ну, вот ты мне лучше скажи, что я, не честный что ли? Вот они все богатые, они себе могут позволить, но не знаю, честные ли они? Ведь сила же в правде? Вот бы за нашу правду платили, хотел бы сейчас просто получить рублей 100 и купить хорошей еды. Да ты ешь, а потом мы с тобой в парк сходим, а нет, в парк не пойдем. Спрашиваешь, почему? Там просто кто-то сегодня умер, не хочу я там ресторан разводить, да и тебя мне жалко. Слушай, а ты умеешь вообще смеяться? И как тебе не холодно? Вот мы вроде оба в шерсти, а мне холодно, а ты вон грызешь и не жалуешься. Эх, да, правильно, что тебе для счастья то нужно? Уши у тебя есть, питаешься вон неплохо, остальное все будет. А ты что думаешь, мне больше что ли надо? Жаль только денег вот таких красивых у меня нет, смотри, все блестят. А помнишь, мы с тобой все мусорки обшаркивали, вот у богачей даже мусорки красивые, там всегда только какие-нибудь красивые бумажки и листочки. А я и другом тебя не могу назвать, вот ты ешь, а мне так и не предложил! Я вот завою с тоски, никто и не услышит, а ты как выть начнешь, я, брат, и не знаю, что делать со всеми твоими друзьями, они как понабегут, нет мочи просто. Все лают, кричат, как люди прям. Слушай, а вы так же быстро растете, как и мы? Мы вот с тобой живем без родителей, только вы, видно, замечаете их отсутствие в жизни, а мы вот нет. Вот он кинул мне пятак, важный такой, все уже совсем взрослые стали, что уже никто не радуется тому, что ему есть где ночевать? Вот если бы у меня было где ночевать стабильно, мы бы с тобой и зажили хорошо. Что им вообще надо? Эх, а ты все молчишь да хрустишь, ладно, вставай, пошли отсюда. (Встают и уходят)

Конец.

Новоалтайск, 2013

PRESTIGE

Oleg Kanin

Born in 1992.

Debut in drama. Inspired by Sigarev, Shakespeare, Dostoyevsky. A student, Oleg studies in the Altai Academy of Economics and Law in Barnaul, Russia.

CHARACTERS

CAMILLE TOLKACHENKO – student, 21 years old

PAVEL ROMANOV (DUKE) – student, football hooligan and fan, CAMILLE's best friend, 22 years old

LYUBOV TOLKACHENKO – Camille's Mother

VICTOR GRADOV – Camille's Stepfather

DARIA MITROSHINA – pregnant girl, student, 22 years old

ANDREI and TATIANA MITROSHIN – Daria's Parents

SIMON AVERIN – Daria's Spouse, high society drug addict, 22 years old

GLEB DEMIDOV – medical student, works as a male nurse

MARINA and Alexander DEMIDOV – Gleb's Parents

KONSTANTIN GROMOV – Gleb's friend, also works as a male nurse

The action happens in the kitchen at the home of TOLKACHENKO. An apartment of very wealthy people, which has a certain luxury style.

GRADOV. Lyuba, you don't understand. What, don't you see that he doesn't need anything in this life, huh?

LYUBOV. Well, stop yelling, stop it. I can't take it anymore, I'm sick and tired of your constant scandals! Why are you so pissed off, when nothing's even happened yet?

GRADOV. How can I not shout? Lyuba, he's 21 years old, and he is nothing? Are privileged young people, whose education costs a lot of money every year – about which he doesn't give a damn – supposed to look like that? Don't you see, he can't even talk on this subject, because he's too 'grown up'.

LYUBOV. Camille has always been a good boy, you're too harsh.

GRADOV. Lyuba, he'll end up like his father, another rebel like Peter Verkhovenskii, who didn't care for tradition and the rules of society but instead turned everything on its head. So look, our boy is rejected, we don't understand him. Lyuba, he is rude, impertinent and thinks too much about himself.

LYUBOV. Viten'ka, calm down, I'll talk to him, things are not like you think. Camille is just kind of peculiar, he's very good.

GRADOV. Mother…I'm tired, he spoils everything that I have done for him, he just doesn't need it. He wanted to be in a prestigious university, I made it happen. He wanted to be in the United States. Welcome, here we are, the States…he wanted everything – I gave him all of it. Lyuba, don't worry, I don't want anything back. Lyuba, I want to know whether your son will be worth all this, and capable of something.

LYUBOV. Well, what d'you want? Were you born intelligent and wise? Did you make your money immediately, or what? The child simply hasn't reached that point yet, he's had everything he wanted. Viten'ka, why all of a sudden these problems between fathers and son? I realize he is not your child, you are never going to love him as I do, I understand all of that. When children are not your own, no matter what you do, they won't become your own. Well, at least pity me.

GRADOV. Lyuba, that's enough. If he is not going to sort everything out and come to his senses – he's on his own – I won't give him a penny more. If he doesn't want to be like everyone else – wants to be a monk – let him go, with a full wallet, to a factory and turn screws, then he won't be like everyone else. He is ruining himself, he doesn't realize that everyone wants to save him; he just blows everything that has been built for him over many years. He can start to read Nietzsche and Dostoevsky with Schopenhauer, but that doesn't mean he can live his life just as he pleases. Nobody has given him full independence and the time has come for him to realise that someone and something depends on him too. Lyuba, understand, you can't, just like that, take and do what you want just because it's ceased to please you. If tomorrow something else ceases to please him, then what? You're always going to pave the way for him, and he no idea how much effort that took.

LYUBOV. Vitya, that's enough, stop it, shame on you.

GRADOV. Lyuba, I just want to understand, does this bother just me?

CAMILLE comes in from the next room; he's heard the whole conversation.

CAMILLE. Nope, of course not. It bothers all your business partners, and your 'reputation'.

LYUBOV. Camille, my boy, well, please don't make this worse, but pity me, please – just avoid this conflict.

GRADOV. He always leaves, no matter what it's about, but I want to let you know that if you come to me for help again, I won't shake your hand. Anyway, the conversation always goes on for too long, you'd better go and talk with your Duke – you are brothers, do everything together – he'll be feeding you now.

CAMILLE. Duke, at least, is still a person, not some coward who wastes his time indulging rank society.

GRADOV. *(With anger and irony.)* Of course, you're

adults, you know better.

CAMILLE. So pathetic, citizen Gradov.

GRADOV. Get out.

CAMILLE takes an apple from the table and leaves.

LYUBOV. *(Crying.)* My God, why have I been punished? Everything was so nice? Camille is such a good boy. Viten'ka, what is this all about?

GRADOV has left for another room and is watching an opera.

LYUBOV. My God, I'm so tired of it, I'm so, so tired. First, you plant it like a tree, take care of it, grow and nurture it but you can't please everyone all the time. I warned you it wouldn't be easy, you'd find it hard to deal with him – he's not your child – and, no, he's not happy either. I live with two men in this house and they behave like two naughty girls. One is 21 and unhappy with life, resentful that we've already been there – that we know a more about life than he could ever imagine. Another one has everything except family…how long it can last, huh? *(Shouts to GRADOV.)* Well, what have you achieved with that? What? Why is this happening again, explain that to me. Vitya, you have to understand, he won't listen to you now, you see, it's human psychology – he's stuck in his own world and wants to prove the opposite, don't you understand that?

GRADOV. *(Shouting her out of the room.)* Lyuba, enough!

LYUBOV. Always – Lyuba speaks only when she is allowed to do. And the other one left again without eating anything.

The conversation takes place in a park on a large bench, along a walkway. CAMILLE eats an apple, DUKE smokes, a YOUNG MOTHER with a baby passes nearby.

YOUNG MOTHER. *(To the child.)* Who's there? Men? Give them sweets as a treat. *(The child gives two candies to the young people, candies called 'Prestige'.)*

DUKE. Thanks young man. *(To the mother.)* A little warrior…

YOUNG MOTHER. Thank you, God bless you, young men. *(Leaving.)*

CAMILLE. Duke, I'm tired, really tired. I don't bow to his will, so he constantly hassles my mother, just because I think for myself. Duke, why did nobody tell me that it would be so confusing?

DUKE. And what are you tired of? Receiving money? They give you everything, is it really so bad to suffer a bit just for the sake of not thinking about tomorrow, huh? So many will sell their soul to the devil, and throw in a TV, just for an easy life – so they can avoid everyday problems like paying the mortgage or cutting back on essential food and clothes for the kids.

CAMILLE. Do you remember *The Catcher in the Rye*? I want to go back to my childhood now, when my main question would be – 'Where do ducks disappear to in winter?' After all, they are now in the pond, and then where do they go…?

DUKE. You've always been a dreamer. Why are you Tolkachenko but not Tolkien?

CAMILLE. My mother is very tired.

DUKE. I'm generally amazed by women's strength. They may forgive us for everything, but they all suffer so much. I think women are stronger than we are – we are afraid of everything. I am amazed by their strength. Their beauty lasts for a moment – today they are attractive and tomorrow they've paid for it, because of what's been in fashion at some point. Camille, she will be even more tired, because she thinks about you and Gradov and what will happen tomorrow. She remembers how beautiful she was and that that's now gone. *(Silence for a few seconds.)* It's just your behaviour and his money, there are no people left.

CAMILLE. I don't know what I want, my brain's gone already. When is the game?

DUKE. Tonight. You still won't accept my proposal?

CAMILLE. You're animals, it's not football that interests you, you just make a circus out of it!

DUKE. What do you know? How can you believe in something when you've never understood it in principle?

CAMILLE. And what, there's some sort of grand idea? I don't understand your ideology at all, you live separately from the club, and it's important to you to prove superiority over another group? What's the point?

DUKE. You wouldn't understand. You have everything and nothing at the same time. D'you understand me?

CAMILLE. Some day they will break your head just because you have a different opinion.

DUKE. I am a man though, here – you're Martin Eden and I'm Tyler Durden – d'you feel the difference?

CAMILLE. Gradov said he wouldn't give me any more money.

DUKE. You don't need it, ideas are more important.

CAMILLE. The fact is I don't really need it, I don't know how to spend such amounts. I buy books, I don't give a damn about a car, I always spend the night at home. Pash, tell me, am I weird?

DUKE. Gradov is strange, he raised you and now he complains.

CAMILLE. What's not to complain about? I don't meet his expectations. I don't want to go back to the States, I want something different...

DUKE. Fight for the idea you don't want either. I imagine you're tired from plotting a cultural revolution, and waging spiritual warfare. You're thinking, what if I howl with anguish and no one hears? Camille, you have no problems at all!

CAMILLE. And you've got some? What? Huh?

DUKE. I'm almost out of cigarettes.

CAMILLE. They're no good to anybody, I don't know a single man with a positive outcome.

A middle-aged, fairly drunk PARATROOPER wanders into the park; he stops and looks at the young men.

CAMILLE silently eats an apple, and as always PAUL starts talking first.

DUKE. Father, what d'you want? Father, what are you looking at? *(To CAMILLE.)* He a waster, right?

PARATROOPER. You look like my son. He was handsome too.

CAMILLE. You're drunk, you need to rest.

PARATROOPER. When he went to Chechnya he was so happy. He ran to me and said: 'Dad, now I'll be a real soldier. I won't be on duty and calling "No accident has happened". Father, I'm going to Chechnya, I'll come back and we'll live well.'

DUKE. Father, d'you want a cigarette?

CAMILLE. *(Quietly to DUKE.)* Wait, can't you see he's ruined, he's simply broken.

PARATROOPER. When Cargo 200 arrived, I just broke down. I didn't know how to carry on. You don't have children, how can you know what it means to lose something? I wanted to be a valiant fighter but when I lost a finger I shook so much from fear I couldn't think at all. When I returned, Mother was all grey – she eventually calmed down – but when Vlad arrived by cargo I died for the second time.

CAMILLE. And when was the first?

PARATROOPER. When I saw this country again, the one that collapsed. Where there's total breakdown in every area. You're constantly preaching your ideology – kings of the world – and you think you're allowed to do anything, don't you? But how d'you know how to live at all?

DUKE. *(Queitly to CAMILLE.)* Come on, let's get out of this place quickly, otherwise he won't leave us alone and we'll be stuck here. *(They're walking down the alley talking, the paratrooper silently makes his way, muttering something to himself.)*

CAMILLE. You see, his god is dead too! What kind of God is there, if you can lose someone you love? Everything you've believed your whole life shatters, but, somehow, you have to carry on living.

DUKE. Everyone has their own god, their own belief. Someone becomes a bird or a stone, another lives in a different person, and someone, all of his life, counts money and raises people like you.

CAMILLE. Says the man who worships hooligans…

DUKE. Being young is hard. One has been living the States and talks about the gods, while the other has lived in a small flat and stuck stickers on a fridge.

CAMILLE. Who does live well in Russia?

DUKE. *(Pointing at an old woman, a poor beggar, all in rags with a cross in her hands.)* Maybe her? Although Gradov would bring her up with dignity.

CAMILLE throws her change.

GRANDMA. The Lord be with you. God Bless You.

DUKE. And does he really exist?

GRANDMA. Of course. He sees everything and everybody gets what they deserve for their sins.

DUKE. Is it on the icons, or what? People have painted it like that, the pain exists… I know that laughter exists too, but I haven't seen God.

OLD WOMAN silently stares at him, CAMILLE takes DUKE under the arm and leads him further out of the park into the city.

CAMILLE. Pasha, I'm tired, what do I do? He won't give me money – God will be his judge – what shall I do about mother? She'll calm down when I stop giving her attitude – I'd love to, but I'm just tired and have no energy even to stay at home.

DUKE. You should stay in the States, why did you come back here? Then Gorbachev and Yeltsin arrived with their democracy. My friend, this is prestige. You know what will happen tomorrow, and you know that you will live well and it's good not to think about tomorrow. Here it is your prestige that Gradov created, it's a pity you don't get it into your head.

CAMILLE. Okay, I'll be a hooligan and break free from all this, I think the irony of that will help me.

DUKE. We never hear each other, whether it's you, a stranger – anybody else. We're all friends until we encounter our differences. I just don't know how friendships can last for years. A real friend is someone you can borrow money from – otherwise isn't it just a case of short visits for birthdays or taking a drive in the countryside?

CAMILLE. They met with my mum for a long time. Look, these are the kind of problems I have. Let them be spiritual ones – maybe I am a totally spoiled brat, maybe I'm a fool who doesn't understand his own happiness – but I don't have anyone to talk to about such problems. I don't want to call you because you'll just force another ideology into my head. I can't even call Mum - it's enough that they've solved everything for me in my life. I want to make something of myself, that it is me, CAMILLE TOLKACHENKO, and nothing to do with Vitechka Gradov, or the States, but me, Camille, in this, the democratic country of Gorbachev-Yeltsin. I'm consumed by the unbearable fact that I'm just worthless.

DUKE. Don't call anybody. *(Silent.)*

CAMILLE. I have a dream that someone who is

really poor would say to me, 'Come on, forget all that, are you a man, for God's sake, or not? Can you desire something or not, because it should be something you like or you don't. Well, yeah, they will always require you to behave in a way that suits their interests, because the alternative is that they make you feel you need their understanding or attention just because of your pride or vanity.

DUKE. And you think all of that doesn't eat me up inside? I'm tired of this country. So I'm a football hooligan, but there I'm free from morality and internal oppression. It's like a fresh start, a life liberated where I know everyone will follow and support me, and not leave me in the lurch like this country did. Here everyone pays for their education and health on their own. My mother collects and saves everything from her pension for something better, so she doesn't have to die on the street. Why should I have pay taxes to prop up the whole army of officials, when the state itself doesn't pay for anything. Health, science and education – at least you can keep them from the state budget – it's a no-brainer. Yuri Gagarin – we lost everything.

CAMILLE. I don't want to beat around the bush, I want happiness.

DUKE. You'll be happy, you will, but you'll never understand that happiness.

Young people are handing out leaflets with discounts for shops in the mall on the street.

CAMILLE. 70% discount just till the 30th? Why does the word 'just' appear here, and then, what, no discounts – too greedy?

DUKE. Here it's a business where it's every man for himself. Pay me my money! Gorbachev had a good excuse – 'I gave the people everything that they had asked me to'. Did they come to him and say, 'Give us a shopping centre instead of a country', like that or what? I don't understand! Big stinking mall. One kilometer apart, instead of a virgin nature, using every open area available. Between the huge shopping malls there are mini-centres. Then mini-markets, fuel stations with everything and, there's no end to it. In a kindergarten, children are poisoned, a husband kills his wife out of jealousy, strip clubs and shops for adults, and faced with all of this how can you not fight for your ideas?

CAMILLE. D'you want to remake the country or do you want to be heard?

DUKE. Stalin read quite a lot, an incredible amount. He's been criticized by those whose relatives kept warehouses during the war. I believe that everyone who was imprisoned deserved it.

CAMILLE. Where are you going with this?

DUKE. Well, you can create harsh and tough conditions, for example, right?

CAMILLE. I don't understand you.

DUKE. Well, restore the order. We're so worthless, but somebody comes after us, right? Do we even have anything to lose in this life? Before our eyes they are not building cultural heritage but chains of grocery stores and cinemas.

CAMILLE. And people think it's just wonderful. It just can't be better. People are very fond of shopping centres. Buy and Eat.

DUKE. You see I want happiness too.

CAMILLE. I have time but no money and no one to see, right?

DUKE. Well, of course, I'll go right now. *(He looks at the time)* It really is time to go. You will be happy!

They leave. CAMILLE returns home and PAVEL goes to the stadium, where all his friends and comrades of the club are.

The scene takes place at the same location in the park. On the same bench the next day, after a brawl involving football fans and the murder of Pavel Romanov. DARIA MITROSHINA and SIMON sit on the bench. SIMON is very nervous and twitches – withdrawal symptoms.

SIMON. Why did you bring me here? Why couldn't we talk at home?

DARIA. Today at 4am, you came home, blood on your hands, and said nothing. You were in the bathroom for two hours. I need to buy groceries. Syoma what happened?

SIMON. Why are you always demanding things from me?

DARIA. Some people keep calling you, but you're

never there. I know everything.

SIMON. What do you know? So what? I quit a long time ago.

DARIA. What did you achieve? Did you dream about that?

SIMON. Don't you shout, I'm sick of you.

DARIA. I saw the empty bags. Are you not satisfied in this prestigious company, no?

SIMON. What prestigious company? What d'you mean?

DARIA. D'you think about the baby at all, or not? About the job? Syoma, I'm the only one who works. You have no time to work. You're either asleep or when you're high, going to apologize to my parents top ask them not to be offended by what, when and how you insulted them. Then you're gone and you come back whenever you like. You found some animals who yell in stadiums, 'Sieg Heil'.

SIMON. Today I killed a man!

DARIA. And tomorrow you're going to kill me, huh?

SIMON. Today we had a fans' fight, I didn't fight, we all ended up in a heap. I didn't know how everything happened. They were too aggressive, and I threw one of my beer bottles at him.

DARIA. *(Crying.)* Why is all this happening, good gracious, d'you hear me?

SIMON. I didn't see who it was, I just ran with

Andrew and that's all. The police arrived quickly. He just lay there with a head wound and that's it, he just wasn't lucky.

DARIA. Who is not lucky? What are you talking about? Syoma, Syomachka, listen. I don't want to know anything. Syoma, I'm tired of watching you as you shake at night and then, in the morning, I'm tired of seeing it all. Syoma, what murder? You're delusional, huh? You're shaking now, Syoma, I'll call your father.

SIMON. *(Pushes her hand and yells at her.)* What do you want from me? You're not listening, I killed him, me, do you understand?

DARIA keeps frantically silent.

It's not that I wanted to, I was set up, I shouldn't have been there today. And d'you remember how we got married in church? I would give anything to have that day back again, but that's my damn luck…what can I do now?

DARIA. You were so eager to join high society… how long have you been on drugs?

SIMON. Go home, d'you hear me? Go home!

DARIA. You don't work, you're wasting my life. You're wasting our money – can't you see I'm pregnant? You're never home, you've sold everything to get this slice of a good life, and where are you now? They gave you a bottle and you threw it. Why is no one saving you now?! My mother despises me because of you, and

I've defended you...because I thought you were genuine.

SIMON. I don't know why but it doesn't even hurt.

DARIA. I'm just broken, there's nothing left. I don't want to live like this – I want the way we've always wanted. Some time ago I liked you just because you were not like everyone else, but you started harassing me. You became bold and once you boasted that I was supposedly already yours, but it wasn't like that. I was afraid of you, I didn't want anything to do with you because you had been tormenting me...that was what attracted me to you at the same time. When I see you shaking like that and how exhausted you are and how you're ringing all the dealers and twisting everything, like the worst creature ever, feeding me empty promises. And today, to top it all, you've killed someone.

SIMON. I hate you. It's all you, d'you hear me – it's you who made me like this. I didn't use any drugs but you pushed me, and when I was high I didn't see your horrible mother and blunt father.

DARIA. Lord, why is that?

SIMON. Maybe he will save you, come on.

DARIA. What happens now?

SIMON. You know, he's dead already. Somebody's life today has been also destroyed, they won't find me straight away. I don't know his name, whether he was a good man or not...I just can't know this stuff.

DARIA. How I wish that you'd come home from work to meet me… Live in an upmarket home, make you and our son breakfast.

SIMON. Well, let's just go without it, please, Dasha, go home, I'll be there soon.

DARIA. I wished the authorities used us as an example of a prestigious, young and beautiful family.

SIMON. *(Strongly shuddering and twitching.)* It will come, it will, just wait a little.

DARIA. We'll have everything, you always say that, you always promise it. You gave away everything, sold everything, you pissed me off, you lost all possible honour. You just sold yourself short.

SIMON. So you dump me, huh?

DARIA. So does anybody need you, huh? Where are your friends from high society? Where are they when you're not bringing them money? Where are your so-called friends when you're together with your wife? Where are they? Nobody needs you, Syoma, your mum hasn't seen you for seven years.

SIMON. When I threw the bottle at him, people shouted, 'Duke, Duke let's go'. And when he fell, I escaped…have you ever seen someone die? I chickened out – you're leaving me? I came today.

DARIA. How d'you know if he died or not? What do we do now?

SIMON. Frankly, is it worth looking for what we've just lost now? The baby is born and then what?

Dasha – then what?

DARIA. Why are you asking me? You were saying other things to my father.

SIMON. It's already started, I feel useless and empty. I can't wake up and be happy knowing that I don't have to go anywhere, don't have to make up stories and participate in that vanity.

DARIA. It was normal, once it was. I didn't want to suffer at 22 and I thought about how you were going to die in front of me, at 23, from the drugs. I didn't know it was possible for you to throw a bottle accidentally and strike his head, I didn't know it was possible to ruin everything within a couple of months, right? Simon, you promised me a different life.

SIMON. Everything will be fine, you just need to wait a little bit, I'll think of something.

DARIA. Look, you're shaking, I already know by heart all the phone numbers of ambulances and rehabilitation centres. I never know where you're staggering, I only know what will happen, I guess, I can't stop you, we're going down, when it's over it'll be too late to regret.

DARIA slowly gets up and walks silently towards the house.

SIMON. What, you're leaving like that, huh? I'll come home today, and I'll fix everything!

Everything would be like you and your father wanted. *(Yelling at her direction.)* Tomorrow I'll go and apologize to him.

DARIA. *(Turns around and looks at him.)* Just come home at least. *(Leaves.)*

SIMON continues to sit on the bench, he's shaking strongly and, in agony, he slowly begins losing consciousness. Passersby panic and call an ambulance; he is now being taken away.

The scene takes place in MITROSHIN's family home. DARIA comes home to her parents distraught and depressed. Her father loves her very much and her mother treats her with indifference, as she has never approved of her marriage to SIMON. DARIA comes to her own home for help and moral support.

TATIANA. I wasn't expecting you, you come to see us less and less. What's wrong with your eyes? Did he upset you again?

DARIA. *(Silently sits at the kitchen table.)* Don't push me.

TATIANA. And why are you complaining then? Not pleased with that or what?

DARIA. Dad, what should I do?

TATIANA. Well, Andryusha, calm your little daughter down and tell her what she should do?

ANDREI. It's better to give her something to eat,

can't you see she's down!

DARIA. Again he wandered around, today there was a fight between football hooligans and he got involved somehow. I don't know what happened there. He's all shaken and not right. One moment he's telling me to leave because I bore him, and then straight away he's saying that he'll come back and everything will like it was before. Father, don't turn me away, I'm hurt, I have no strength left. I come home and mother starts pushing me, but there are two of us already, do you understand that or not? You should understand that I have two hearts inside me now.

ANDREI. Dashen'ka, Dashen'ka, well, my little one, calm down. Tell us what happened.

DARIA. Well, Father I don't know, there was a fight, he accidentally got involved and, this is what he told me, threw a bottle at some boy and after that ran away. But it's not important, father, he shakes, he breaks, he's dying in front of my eyes. Is that all we could gain from a prestigious society, is it? He was so different…he's not the same Syomachka.

ANDREI stands silently and smokes, TATIANA continues the conversation.

TATIANA. Well, how could you fall in love with him? Don't you see anything? He's attractive and was always hanging out with coolest young people. They are animals – your father and I worked very hard to give you a prestigious education and job, not so that dope-using scum could reduce everything to nothing.

DARIA. He was different then. He didn't take anything then, he was so normal. He wasn't trying to impress me, not looking for my approval. He just wanted me to be with him, and only did it because he was interested in me as a person and as a unique personality. Wouldn't you like that?

TATIANA. You have no brain, right? Have you not seen his friends, and his ambition!

DARIA. Well, all signs were there, but he behaved like a man. He didn't even ask me if I wanted to go to the movies, he just said – 'Let's go to the movies?' When I said no to something he made it clear that he was comfortable with my 'NO', he accepted me as a person, he understood that I could want something or not want it, he was aware I may like something or not. That's what I fell in love with. I'm scared to end it all at 22.

ANDREI. *(Banging his fist on the window sill.)* That's sufficient. Why d'you pressure her? What happened? Where is he? What did he throw and at whom?

DARIA. *(Starts to cry.)* Daddy, I don't know, he said he would come but he was very shaky. He even said that he'd killed him, and when he came in the night his hands were covered in blood and he spent two hours in the bathroom.

ANDREI. Then what happened? Stop bawling, and explain it properly. I'll use my connections at higher levels, they'll decide, you just tell me.

DARIA. Don't, for goodness' sake, I'm begging you, don't. I don't want to go to see him in a drug rehabilitation centre, I don't want to give any testimonies. I'm so scared.

TATIANA. Did you part just like that in the street, then?

DARIA. Well, he said he would come, I brought him onto the street as I had to go for groceries and then he pissed me off, and I just couldn't take it anymore. I have a baby and I'm having a nervous breakdown, son of a bitch...I'm only 22.

ANDREI. Stop it right now, d'you have money?

DARIA. No, nothing, he took everything, just got rid of it all...he took my jewelry and a camera.

TATIANA. Will you live with us?

ANDREI. What's wrong with you, mother? D'you really have to ask? Have you no shame?

TATIANA. Well, she can refuse? Is she really your daughter?

DARIA. By the way, I'm *your* daughter too!!!

ANDREI. Put food on the table and make her a bed.

TATIANA leaves, father and daughter are sitting at the table.

Please, try to calm down. Well...he was successful at one time...now our cat would take his place. Well, smile, relax princess.

DARIA. Father, he used to be so handsome, but today, he just returned from the fighting with those strange people that he didn't know and he just could not get rid of it. He can't do anything any more! Dad, he's a burden.

ANDREI. Well, you mother did warn you, why don't you listen to her, at least sometimes?

DARIA. But who knew that I would be wrong. I don't even love him anymore, I just want to stop, pause the world, and think about everything.

ANDREI. Live with us as long as you need. When he comes back, I'll talk to him, I'll put him in a good clinic.

DARIA. What clinic?! He doesn't understand that his reputation is now flowing through his veins. Father, I'm afraid that death always keeps sitting at the table with us, walks with us around the apartment and is just waiting for when he gets dressed up and goes away with her. When he's high I feel like I'm almost falling with him.

ANDREI. Will you have a boy?

DARIA. A boy. I want to name him Matthew, I want Matthew.

TATIANA. *(Entering.)* Everything is ready, go lie down, tomorrow I'll buy you some fruit.

DARIA. I feel he won't come back, I feel he is no longer with us, or simply lying somewhere under a bench. He won't go anywhere because of the shame.

ANDREI. Oh, come on, he'll come tomorrow for

sure. Just perhaps without his friends in high places. I was tired of it all when you were at university – I tolerated all that scum while you were blind to all that trash. They're constantly high.

DARIA Daddy, that's enough, stop swearing, I didn't come here for this.

TATIANA. Really, Daddy, enough swearing. It's late already.

ANDREI. Daughter, go lie down, take a rest from all of this, it will be better tomorrow.

DARIA. But I don't want to, I want to stay with you, like as a child. I was asking you for beautiful dolls and pencils, and paper. Dad, do you remember you brought lots of sweets and a dress for me, home from Tyumen', remember?

ANDREI. Yes, Mum was then making such big bows and you wore them.

TATIANA. Then you liked one boy at school, you used up all the notebooks.

ANDREI. Like it was yesterday, life has flown by so quickly, like you've become grey in the blink of an eye.

DARIA. Well, life is just starting, and I'm crying and crying.

TATIANA. We won't lose hope – it hasn't been cancelled…luck too.

ANDREI. Tanya, don't you see he's wasted everything and doesn't even show up, and look, the baby will be born soon, what will happen then? Will he sell him too?

DARIA. That's enough!

TATIANA. It will end, for sure, soon.

ANDREI. That's it, go to bed!

DARIA leaves, spouse are very nervous.

TATIANA. What shall we do?

ANDREI. Don't you realize he isn't coming back?

TATIANA. And how was I to know?

ANDREI. I saw him a year ago, I didn't even want to talk to him, he looked like quite strange already. And now she's saying he was shaking on the bench – that he's killed someone. Gosh, how hard it's become to live in Russia.

TATIANA. She's our daughter. Well, it only took a couple of years, how could everything change so dramatically?

ANDREI. Well, tell me, were we like that at 22? Yes or no?

TATIANA. What, didn't you dream about prestige then? *(Smiles and laughs.)*

ANDREI. Well, I've achieved all of that, what they have got now? They can't see the difference between Nice and Nietzsche. I gave her everything, a good education. Well, forget him *(In quite a rage.)*, let it go, she's our little button. Well, she found him. The same university…good parents too, but why he is like that, hm?

TATIANA. You weren't brought up with money, you made it yourself.

ANDREI. Well, there are those children who read books and enjoy money at the same time, right?

TATIANA. Well, how should I know, I myself don't know anything anymore.

ANDREI. I want to see him and find out everything…tomorrow I'll go to their apartment and talk to him. Let Dasha live with us, buy her everything she needs – no limits, let her calm down a bit.

TATIANA. It's obvious, it's your daughter, why didn't you father a son then, huh?

ANDREI. What is it you don't you like?

TATIANA. You yourself said that he wouldn't come back. She's waiting for him but who knows what will happen next?

ANDREI. We'll see tomorrow.

The scene takes place in the house of DEMIDOV's family. GLEB, very worried, comes running home. The corpse of his mum lies near the stairs that lead to the second floor in the house and his father on his knees crying by her side. GLEB stands in shock.

ALEXANDER. Gleb, Gleb…

GLEB. *(Rushing to her.)* Mama, mama… *(Checking*

the pulse.)

ALEXANDER. I was on the roof, and asked her to bring tools…she fell down the stairs, she slipped.

GLEB. *(Shouting like crazy.)* Father, how? Father, how could it be?

ALEXANDER. I don't know, I started to grumble, I thought she'd dropped something and asked her to climb up faster. I called her once, twice, looked down and she was just lying there.

GLEB. But you knew she was sick, we can't put much stress on her, she has problems with her joints.

ALEXANDER. Glebushka, son, forgive me *(Crying from the heart.)* I'm sorry, I'm such a fool.

GLEB. *(In shock he kneels, begins frantically to feel, looks for a pulse, checking pupils, calls an ambulance).* How long ago?

ALEXANDER. Well, it happened right after I called you. She isn't breathing, Gleb. You're a doctor, so check her.

GLEB begins to cry hard and stays silent. After some time the ambulance arrives, she is pronounced dead at the scene.

GLEB. I'll take a loan now.

ALEXANDER. What kind of loan? Your wages can barely pay for food.

GLEB. Mother will be buried with dignity. Damn it all! And the car, and your houses, everything. *(Starts to shout like crazy and beat his fists against the wall).*

They sit down on the porch and both keep silent.

Family of Gradov-Tolkachenko, all are at home. Phone rings, Gradov picks it up.

GRADOV. Yes, hello.

VOICE. *(Silence.)*

GRADOV. I can hear someone on the other end.

VOICE. Hello, this is Pavlik's mother.

GRADOV. Pavlik who?

VOICE. Romanov…

GRADOV. Listening.

VOICE. Pasha died yesterday in a fight, his head was smashed in by some hooligans. *(It's difficult to talk.)*

GRADOV. *(Silence.)* I'm at an impasse.

VOICE. Please, please take Camille away from here, he is a very good boy. Just don't tell him his best friend died, just take him out of the country under any pretext. I can't look at it anymore, our children have a prestigious status, and you've been lucky and God loves you, because your son hasn't had those stupid ideas and started realizing himself, so, please take your son away from here. I know our children are growing fast, I know all that, but come up with some sort of excuse. I know it sounds strange, but I know how good he is, just take him away from all this dirt and ruin, let him continue to get his prestigious education and never come back here. Pasha praised him, told him how strong he was, a dissident. So, just save him, preserve him like that. Goodbye *(She hangs up.)*

GRADOV. *(Keeps silence for a long time thinking.)* Lyuba.

LYUBOV. Yes, yes Viten'ka.

GRADOV. Call Camille here.

GRADOV. I'm calling to make arrangements for the documents you need for the United States.

CAMILLE. *(Ignoring GRADOV.)* Mum, Pasha has disappeared somewhere, he's not picking up his phone – I wanted to go for a walk.

GRADOV. Son of a bitch, you're kidding me, start packing your things. You're going back to continue your education in the States. *(It's obvious that GRADOV is very frightened.)*

CAMILLE. And who are you, who are you I'm asking? Why d'you make all the decisions for me?

GRADOV. Camille, what d'you want, huh?

CAMILLE. I want you to leave me alone, I don't need your money.

GRADOV. Paul's mum called.

CAMILLE. And what has she got to do with it?

GRADOV. She asked for you to go to the United States, she's worried about you.

CAMILLE. Where's the logic in that, I don't understand why you're speaking this nonsense.

LYUBOV. Camille, calm down.

CAMILLE. I'm not going anywhere.

GRADOV. He died yesterday.

CAMILLE. Who?

GRADOV. Your Duke, who else. I told you, sons of bitches, that it would end badly, but nobody listened to me. She called today and sobbed, begged me not to say anything to you but I couldn't keep quiet – you're such a stubborn ram and just didn't understand anything…oh gosh, I'm so ashamed of you. He died, his head was smashed in, by a bottle, during a fight. And I want to send you away to the States, to spare you all this dirt, and let you live in a civilized, prestigious country *(He sits down and grabs his head, with a long silence.)*

CAMILLE. *(In shock, sits next to him.)* I'm so, so tired, why is everything is like this? Why did he die, why didn't he live like a normal person, what went wrong from the start?? You didn't have to yell, you could have just said so. *(It becomes hard for him to talk.)*

LYUBOV. Boys, what happened there?

GRADOV. Lyuba make coffee, and go to the

kitchen, please, Lyuba. Tomorrow I'll make the arrangements for your papers and you'll be going to the States. If you don't want to listen to me, then at least listen to your mother. You have nothing more left in this country, it's the last time I'll make a decision for you, and you'll thank me for it later.

CAMILLE. *(After a long tearful silence.)* Well, you could even send me to Bali, but if you've decided on the States, so be it.

Act Two takes place in the MITROSHIN's family home.

ANDREI. *(Whisper, calling TATIANA).* Tanya, they called from the morgue. That's it, d'you understand?

TATIANA. What d'you mean? What is it?

ANDREI. Well, there is no Simon anymore, he's gone, I have no idea what to do... Dasha is asleep, I don't know how to tell her.

TATIANA. Let's leave, let's go to the sea, have a rest. When we get back, we'll figure something out, I don't know, she's pregnant, she'll die from it too.

ANDREI. Don't you understand, she's waiting for him, waiting for him to come back and tell her everything is better, waiting for life to get better, do you understand?

TATIANA. I'm not going to tell her...book tickets to go somewhere, to her grandma in Sochi.

DARIA. *(Wakes up.)* What happened? Why are you

whispering?

ANDREI. Dashen'ka, Mum and I are talking about Sochi.

DARIA. What about it?

ANDREI. Let's go there – the whole family, huh? It'll be fun.

DARIA Wait, I can't, Syoma will come back soon… d'you want to take him too?

TATIANA. Syoma called, he left for a short period and said he would come back with some money… he went to the North, to work for a month, and when he comes back he will be handsome and strong, like a warrior. *(Hides tears.)*

DARIA. Well then why are you crying then?

TATIANA. From happiness, my little girl, that you're carrying a beautiful baby girl. Well, let's go, huh?

DARIA. Well, let me at least call him and tell him.

ANDREI. Well, you can call him from there, and tell him about the flight.

TATIANA. My dear girl, please agree, first we'll buy you a beautiful ballerina dress and flats, then you can swim in the sea and sunbathe on the beach.

DARIA. Then I agree…when are we going?

TATIANA. Andryushenka, when are we leaving?

ANDREI. I'll book the tickets this week, Dashen'ka go and lie down, get some more rest.

ANDREW and TATIANA go into the kitchen and whisper.

TATIANA. I'm losing my mind… I lie to my child, tell her she'll be happy, in a month. *(Starts to cry.)*

ANDREI lights a cigarette and keeps silent.

Scene 3, GLEB is with his father sitting in the kitchen after the funeral.

GLEB keeps a long silence and is emptying glass after glass of vodka; his father pulls the bottle off from him.

ALEXANDER. Well, that's enough, enough, give it to me.

GLEB. *(Is already slightly drunk.)* Father, father why didn't you take care of her? Father, she just fell down the stairs. Is it really fair to live and die in the same place? *(Starts to cry.)*

ALEXANDER. You have to leave, you have to, Gleb, I'll buy you a car, but you can't stay here any more.

GLEB. What d'you mean 'have to leave'? Who did you build the house for then, huh? What now?

ALEXANDER. I haven't slept for three days, it seems like she is still with us in the house. She was just walking around there and now she's gone, just because she fell.

GLEB. I have nowhere to go.

ALEXANDER. Go to your grandmother's village and help her – let's go, huh?

GLEB. Are you going to abandon the house?

ALEXANDER. I don't need it without her. All this time we couldn't catch up with everything, now it's pointless, now she's gone there's no need to rush anywhere. Call Kostya, I don't want to drag you down with me. Gosh, what's happening, a son and his father drinking vodka together, total insanity.

GLEB. I'm not going to call him, actually, he doesn't understand his own prestige, and now, I'm ashamed to call him, because everything he's said is true, everything is true. About death, and about money, I feel sick and disgusted, and now, besides that, I'm scared of all of it.

All characters in the play are gathered together in the same train station, each attending to their own business.

LYUBOV TOLKACHENKO. Camille, are you sure you've packed everything, have you checked thoroughly?

CAMILLE. Yes, Mum, everything's OK, I'm just going to ask for a smoke, I'm out of my own.

LYUBOV. You smoke, do you?

CAMILLE, without answering her question, goes straight to GLEB, who was sitting with his father three benches away, but, while passing by, he saw DARIA with her parents and came to her first. He found candy in his pocket and hands it to her.

CAMILLE. Have some young lady, let a little warrior smile inside.

DARIA. Thank you, hmm, 'Prestige', never heard of it.

CAMILLE. Not at all, stay healthy.

He goes straight to GLEB.

CAMILLE. Young man, d'you happen to smoke?

GLEB. Well, I do, but sorry, not that prestigious, of course, 'Parliament' are cheap.

CAMILLE. Ask that girl about prestige, *(Points at DARIA.)* she understands it better than anybody else right now.

CAMILLE goes on to the station hall for a cigarette. A tramp is sitting on a bench with a dog.

TRAMP. Hey, big-ears, aren't you cold? Well, you look at me, what can I do? Young man, can you spare some change?

CAMILLE throws a few rubles and goes away silently.

Here, look at him, it's obvious he's wealthy! See how clean this five rubles coin is, I don't even have such a thing. Well, keep eating, you'd better chew on the bones… I'd give you a sausage but we don't have such special food. Well, you better tell me, am I honest or what? You see they're rich, they can afford anything, but I don't know if they are honest? After all, power is in truth, right? If they would pay for our truth, I'd settle for 100 rubles to buy good food, right? Well, you keep eating, and then we can go to the park, actually no, we won't go to the park. Why? Someone just died there today, I don't want to eat there. Hey, listen, d'you not know how to laugh? Aren't you cold? We both have hair, but I'm cold, and you don't care – no complaints at all. Ah, yes that's right, what else d'you need to be happy? You have ears, you're fed well, everything else will come. What d'you think I need more of? The only shame is I don't have beautiful money like this, look, all shiny. And d'you remember, going through all the bins? And the rich have even got beautiful bins, there's always beautiful paper, and leaflets in there. And I can't even call you a friend, because you're eating, and you haven't offered *any* to me! If I start to howl, no one will hear me, but if you start howling, I don't know, brother, what I'd do with all your friends, as they rush around – just crazy. All of them are barking, shouting, just like people. Listen, d'you grow up as fast as we do? We're living our lives here without parents, only you can notice their absence in your life and we humans don't. Well, he's thrown me a coin, he felt so tough at that moment, all of them have grown up too quickly, and nobody even feels happy anymore when they get a place to stay overnight, right? Look, if I had a permanent place to spend the night, then our life would be good. Why do they need it all? Well… you keep quiet and keep chewing that bone, okay, up, let's get out of here.

They get up and leave.

The End